Christiane Maria Paßers

Diesem Weg
wohnt
ein Zauber
inne

Bibliografische Information der Deutschen Nationalbibliothek: Die Deutsche Nationalbibliothek verzeichnet diese Publikation in der Deutschen Nationalbibliografie; detaillierte bibliografische Daten sind im Internet über dnb.dnb.de abrufbar.

© 2025 Christiane Maria Paßers
Lektorat: Dr. Xenia Boe
Covergestaltung: Josie Schnitt
Covermotiv: Leigh Viner

Verlag: BoD · Books on Demand GmbH, Überseering 33, 22297 Hamburg, bod@bod.de
Druck: Libri Plureos GmbH, Friedensallee 273, 22763 Hamburg

ISBN: 978-3-8192-4603-6

Für Marie

Sei willkommen
Guten Morgen Leben
Es ist soweit
Wir starten heut' in eine neue Zeit
Wir hab'n so vieles noch zu seh'n
Ich will über Berge geh'n
Und in die Tiefe seh'n
Guten Morgen Leben
Es ist soweit
Mit Wind im Rücken sind wir zum Start bereit
Wir hab'n so vieles noch zu seh'n
Am großen Wasser sitzen
Und in die Weite seh'n

Es ist soweit. Chris Avedon ft. Lauter Leben, 2016
Text: Nicolas Rebscher

INHALT

I. VIA FRANCIGENA

Etwas mehr Liebe. Eine große Liebe. Die große bedingungslose Liebe. Eine, die mich erfüllt und mir das Gefühl gibt, am richtigen Ort zu sein. Da die nicht in Sicht ist, bin ich dem unerklärlichen Ruf nach diesem Abenteuer hier gefolgt.

Hätte ich die erste Etappe doch schon hinter mir! Dann wüsste ich, was mich erwartet. Und hätte bestimmt schon andere Pilger kennengelernt. Ich zahle mein Essen und laufe zurück zum Hotel. Dort schaue ich im Internet nach Unterkünften im ersten Ort. Ich möchte wissen, wo ich morgen schlafe, und buche ein Hotel.

Hotel in Siena: Albergo Tre Donzelle

Als mein Handywecker klingelt, fühle ich mich, als hätte ich die ganze Nacht kein Auge zugetan. Ich stelle den Wecker eine halbe Stunde weiter und schiebe die Erinnerung an die betrunkenen Hotelgäste und das schreiende Kind, das mich wachgehalten hat, weg. Gegen 07:00 Uhr stehe ich auf und schlappe mit meinen Flip-Flops so leise es geht über den kalten Flur in das Gemeinschaftsbad. Zurück im Zimmer ziehe ich mich an und packe meinen Rucksack. Der fühlt sich mit dem Wasser und den Lebensmitteln, die ich gestern noch gekauft habe, untragbar schwer an. Damit will ich heute 20 Kilometer wandern? Ich laufe im Zimmer auf und ab und weiß nicht, wohin mit mir. Ich hole den Reisebericht von Alexander Rich aus meinem Rucksack. Seine Wanderung auf der Via Francigena begann im Schwarzwald und war 1.500 Kilometer lang. Obwohl ich jetzt innerlich die Augen verdrehe, tue ich das, was auch er vor seiner ersten Etappe getan hat. Ich lese das Pilgerlied, das in seinem Buch abgedruckt ist.

1/ Wer nur den lieben Gott lässt walten
Und hoffet auf ihn allezeit,
Den wird er wunderbar erhalten
In aller Not und Traurigkeit.
Wer Gott, dem Allerhöchsten, traut,
Der hat auf keinen Sand gebaut.

2/ Was helfen uns die schweren Sorgen?
Was hilft uns unser Weh und Ach?
Was hilft es, dass wir alle Morgen
Beseufzen unser Ungemach?
Wir machen unser Kreuz und Leid
Nur größer durch die Traurigkeit.

3/ Sing, bet' und geh auf Gottes Wegen,
Verricht' das Deine nur getreu,
Und trau des Himmels reichem Segen,
So wird er bei dir werden neu.
Denn welcher seine Zuversicht
Auf Gott setzt, den verlässt er nicht.

Meine Augen werden feucht. Wieso bewegt mich das? Es war kein religiöser Impuls, der mich auf diesen Weg geführt hat. Trotzdem wünsche ich mir gerade nichts mehr, als Gott vertrauen zu können. Ich schlucke den Kloß in meinem Hals herunter, packe den Rucksack auf den Rücken und verlasse um 07:30 Uhr das Hotel.

Ich hatte gelesen, die Via Francigena sei sehr gut ausgeschildert. Ich fragte mich im Vorfeld nur, wo ich das erste Schild finden würde, und habe mir deshalb die Navigations-App *Komoot* heruntergeladen. Sie zeigt Wanderwege in ganz Europa an und soll die nächsten zwei Wochen mein digitaler Kompass sein. Und heute ist Premiere, die Strecke nach Monteroni d'Arbia ist die erste Wanderroute, für die ich die App nutze.

Ich starte durch die ruhige Altstadt südöstlich in Richtung stadtauswärts, schaue noch einmal auf die Piazza Il Campo und bin überrascht, wie viele Bars um diese Uhrzeit schon geöffnet haben.

Und Frühstück anbieten. Meine Hamsterkäufe gestern Abend wären also nicht nötig gewesen. Ständig habe ich Sorge, nicht genug zu essen zu haben. Obwohl ich eine Tüte voller Lebensmittel und einen Pfirsich in der Hand halte, zieht es mich in die Bar mit dem Namen *Meetlifecafé* und ich kaufe noch einen Müsliriegel und einen Tee. Das alles zu tragen, wird zu einem Balanceakt. Der Tee ist viel zu heiß, so dass ich ihn zusammen mit den Lebensmitteln zwischen meinen Händen hin- und herjonglieren muss. Das geht genau 200 Meter gut, bis die Papiertüte mit den Äpfeln aufreißt, und sie über die Straße kullern. Super. Ich sammle alles wieder ein und laufe wenig koordiniert weiter. Kurz vor dem Stadttor, der Porta Romana, sehe ich eine Mauer, auf der ich alles abstellen kann. Vielleicht sortiere ich mich erstmal und trinke den Tee aus. Zum Glück erscheint mir die Situation selber so komisch, dass ich lachen muss. Und da sehe ich auch das erste Hinweisschild auf die Via Francigena. Gut, die ersten 800 Meter habe ich mich zumindest nicht verlaufen.

Hinter der Porta Romana biege ich links in einen kleinen Fußgängerweg ein. Den laufe ich bis zu einer Umgehungsstraße, die um diese Uhrzeit kaum befahren ist, überquere sie und folge dem nächsten Schild in ein Wohngebiet hinein. Je weiter ich laufe, umso ruhiger wird es. Die Straße, zu Beginn noch dicht mit Häusern besiedelt, wird immer lichter und gibt viel früher als erwartet die Sicht auf die toskanische Landschaft frei. Mein Blick folgt den geschwungenen Hügeln, bleibt an entfernten Gutshäusern und Zypressen hängen und verliert sich in der toskanischen Weite, die innerhalb eines Augenblicks die Enge in meinem Brustkorb sprengt. Mich überkommt ein unerwartetes Gefühl von Glück. Und Verbundenheit. Ich war schon einmal in der Toskana, im südlichen Teil in der Nähe von Grosseto. Auch damals hat mich die besondere Energie eingefangen. Aber heute ist es anders. Heute hüllt mich die Toskana völlig ein und gibt mir mit einem Mal das Gefühl, auf dem richtigen Weg zu sein. Dabei hat sie etwas Magisches. Genauso wie die Menschen, die mir vereinzelt entgegenkommen und mir freundlich *Bon camino*, guten Weg, zurufen. Als mir eine ältere Dame überschwänglich zuwinkt, bin ich von ihrer Herzlichkeit so ergriffen, dass mir wieder die Tränen kommen. Anders als heute früh kann ich sie nicht mehr zurückdrängen. Alle Tränen fließen.

Während ich den Weg nur noch verschwommen wahrnehme, sehe ich eine Person plötzlich ganz klar vor meinem inneren Auge: Oma Christine. Mein Herz zerspringt fast vor Schmerz. Unweigerlich schaue ich zum Himmel und spüre, wie sehr ich sie vermisse. Wo kommt dieser Schmerz denn jetzt her? Meine Oma ist seit 28 Jahren tot.

Ich war sieben Jahre, als sie starb. Es ging alles so schnell. Es war an einem Freitag, als bei ihr Bauchspeicheldrüsenkrebs diagnostiziert wurde und sie ins Krankenhaus kam. Drei Tage später war sie tot. Sie ist nur 69 Jahre alt geworden und viel zu früh gestorben. Ich stand nachts in der Küche, als meine Mutter ihre Tante anrief, um ihr zu sagen, dass Oma gestorben war. In meinem Geist erlebe ich die Situation, als sei sie real.

Es ist eine große dunkle Wolke in mir, aber niemand sieht sie. Niemand sieht mich. Ich weiß nicht, wo meine beiden Geschwister sind. Mein Vater räumt in der Küche herum und ist mit sich beschäftigt. Mein kleiner Körper steht nur da und hört zu, was meine Mutter am Telefon sagt. Ich sage nichts, ich weine nicht. Ich muss auf meine Mutter aufpassen.

Mein Bauch zieht sich zusammen vor Wut. Auf das Leben. Auf Gott. Oma Christine war nicht nur meine Namensgeberin, sie war meine Verbündete. Von niemandem habe ich mich so angenommen und geliebt gefühlt wie von ihr. Der Schmerz hat mich damals überrollt wie ein Tsunami. Er war zu viel. Für eine Siebenjährige war er zu viel. Ich habe ihn heruntergeschluckt und mein Körper hat rebelliert. Drei Mandelentzündungen in einem Monat. Bis der Arzt mit einer Mandeloperation drohte, wenn ich das nächste Mal eine Mandelentzündung haben würde. Damit hat dann auch mein Körper aufgehört zu rebellieren und den Schmerz noch eine Ebene tiefer eingelagert. 28 Jahre später scheint die Lagerdauer abgelaufen zu sein und ich spüre den Schmerz, als wäre meine Oma gestern gestorben.

Ich schaffe es nicht, meine Tränen zu kontrollieren, sie laufen immer weiter und ich schäme mich. Vor wem eigentlich? Hier ist doch niemand. Mein innerer Kritiker kriegt sich nicht mehr ein, versteht nicht, woher all diese Tränen kommen, und will mich zur Räson rufen. Keine Chance. Es fließt.

Meine Gefühle fahren Achterbahn. Im einen Moment noch völlig aufgelöst, überkommen mich im nächsten beim Anblick der weiten Wiesen und vielen Mohnblumen Glücksgefühle. Langsam entspanne ich mich und kurz singe ich sogar. Die vier Stunden vergehen viel schneller als gedacht. Unterwegs treffe ich auf einige Fahrradfahrer und Bewohner, aber auf niemanden, der die Strecke zu Fuß geht wie ich. Auf den letzten Kilometern kommt mir auf einem Feldweg ein älterer, schmächtiger Herr mit Hut, bestimmt über 70, mit seinem Hund entgegen. Er begrüßt mich mit *Ciao bella*, als würden wir uns schon seit Jahren kennen und plaudert fröhlich auf Italienisch los. Ich verstehe zwar kaum, was er sagt, muss aber grinsen. Dann wünschen wir uns alles Gute, geben uns die Hand und er verabschiedet mich mit *Ciao tesoro*, tschüss, mein Schatz.

Kurz vor Ende der Wanderung bringt der alte Herr mein leer geweintes Herz zum Strahlen.

Um 12:30 Uhr komme ich in der Unterkunft an und empfange den ersten Stempel in meinem Pilgerpass. Yes! Das Hotel liegt circa 600 Meter vom Stadtzentrum von Monteroni D'Arbia entfernt und liegt an der befahrenen Via Cassia. Nicht wirklich schön, aber das Zimmer ist freundlich, sauber und ich habe mein eigenes Bad!! Also Luxus im Vergleich zu gestern. Als erstes duschen. Ich war viel zu warm angezogen und bin völlig durchgeschwitzt. Mein Reisegepäck ist übersichtlich. Ich habe zwei Hosen, eine lange, eine kurze, drei Wandershirts, ein Outfit für abends und eine dünne sowie eine dickere Fleecejacke dabei. Und natürlich Wäsche und Strümpfe. Ich hatte Glück, da ich mir vieles von Freunden ausleihen konnte. Es war nicht einfach, schöne Funktionsklamotten zu finden, und die Anschaffung der Wanderschuhe und des Wanderrucksacks haben schon ein halbes Vermögen gekostet. Nach dem ersten Tag bin mit dem Equipment sehr zufrieden.

Nach der Dusche wasche ich meine Sachen und plane meine weiteren Routen. Die Navigation per App hat heute gut funktioniert. Hoffentlich bleibt das die ganze Strecke so. Der Weg war zwar ausgeschildert, aber nicht zu 100 Prozent, oder ich war nicht die ganze Zeit aufmerksam. Kann auch sein.

Ich schaue auf mein Handy und sehe eine Nachricht von Andy.

Andy:	*Ciao Bella, ich habe heute schon dreimal geschaut, wo du steckst! Sieht aus, als kämest du super voran. Ich hoffe, es geht dir gut!*
Ich:	*Ich bin froh, die erste Etappe geschafft zu haben. Es ist nur echt verrückt, die Natur und das Alleinsein öffnen alle Schleusen. Ich habe die erste Hälfte des Weges nur geweint.*

Andy: *Oh, da muss ich direkt mitweinen. Lass es zu, das hilft. Vielleicht hilft dir die Reise ja auch anzunehmen, was ist. Drücke dich!*

Ich: *Ja, das glaube ich auch. Es stand auch in dem Buch von McLean, dass man beim alleine Reisen die ersten drei Tage viel weinen würde ... hatte ich nur vergessen ...*

Damit mich meine Familie und meine Freunde lokalisieren können, habe ich meinen Standort via App für sie freigeschaltet. So können sie mitverfolgen, wo ich gerade bin. Andy und ich sind seit der 1. Klasse befreundet und ich wünschte, sie wäre gerade hier. Auf der vierten Etappe, lese ich im Reiseführer von Alexander Rich, soll es nämlich aggressive, freilaufende Hunde geben. Andy hat mich schon oft vor Hunden beschützt und sie von mir ferngehalten. Während mein Puls beim Gedanken an Hunde anfängt zu rasen, fällt mir plötzlich dieses Gebet ein, das ich letztes Jahr irgendwo - ich glaube, in einem Yoga-Ratgeber - gelesen habe:

Lieber Gott, bitte nimm die Angst von mir,
beobachte und beurteile sie für mich
und zeige mir, wie ich sie in Frieden umwandeln kann.

Die Angst ist ein Gefühl, das an mir klebt. Ich habe Angst vor Fehlern, Angst vor Entscheidungen, Angst, etwas zu verpassen. Angst vor Ablehnung. Angst, nie den richtigen Mann kennenzulernen. Und allein zu bleiben. Und eben auch Angst vor Hunden. Ich lese das Gebet noch dreimal und anscheinend beruhigt es mich - genauso wie heute früh das Pilgerlied. Schon komisch. Auf dem Weg heute war ich so wütend auf Gott, und jetzt wünsche ich mir wieder nichts mehr, als auf ihn vertrauen zu können.

Ich habe Hunger. Mal sehen, was Monteroni D'Arbia kulinarisch zu bieten hat. Der Hotelbesitzer erzählt mir, dass seine Tochter deutsch spricht und dass sie mich mit dem Auto mit in den Ort nehmen könnte. Gut, ich bin heute ausreichend gelaufen, also lasse ich mich 600 Meter fahren. Ich frage sie nach Restaurant-Tipps, die abgesehen von zwei Pizzerien dürftig ausfallen. Der Ort ist überschaubar. Im Grunde besteht er aus einer Hauptstraße mit ein paar angrenzenden Seitenstraßen. Hier gibt es wirklich nicht mehr als zwei Pizzerien. Ein weiteres Restaurant hat noch nicht geöffnet. Habe ich bei meinem Heilpraktiker in den letzten zwei Monaten sieben Sitzungen lang Weizen per Bioresonanz-Therapie ausleiten lassen, um hier direkt Pizza zu essen? Nein. Habe ich eine Wahl? Nein. Also Pizza. Tatsächlich ist das eher eine Imbisspizzeria, in der man einzelne Stücke kaufen kann. Ok, mache ich – und es schmeckt ganz gut.

Oh, wie freue ich mich auf das Bett und darauf, zehn Stunden schlafen zu können. Mein Körper braucht das jetzt. Meine Seele noch mehr. Die Traurigkeit über den Verlust meiner Oma heute zu spüren war so intensiv, das muss ich erst einmal verkraften. Die Etappe morgen wird eine der kürzeren. Es geht ca. 15 Kilometer nach Buonconvento. Ich checke auf Booking die Hotelsituation. Sieht entspannt aus. Da ich vermutlich früh da sein werde, buche ich nichts im Voraus und werde mir die Pilgerherberge vor Ort ansehen. Bestimmt lerne ich dort ein paar andere Pilger kennen.

Siena – Monteroni D'Arbia: 20,4 km
Hotel: 1.000 Miglia

GIOVANNI, DER ERSTE

Ich habe zwar nicht durch-, aber ausreichend geschlafen. Um 07:35 bin ich beim Frühstück, das mich überrascht! Es gibt Müsli und Vollkornzwieback! Ich bin ein Zwieback-Junkie. Kaum etwas macht mich so zufrieden wie das Knuspern eines Zwiebacks. Zu Hause esse ich immer grobkörnigen Dinkelzwieback. Meine Freunde belächeln mich dafür. Das tun sie auch, wenn ich Kokoswasser trinke, was ich genauso liebe. Der Hotelbesitzer, der „Papa" des Familienhotels, ist auch heute Morgen sehr bemüht. Er fragt mich mehrfach, ob ich alles habe, was ich brauche, wo ich genau herkomme, und er informiert sich über meine heutige Etappe. Er macht mir Mut und sagt, ich würde den Weg schon schaffen und solle mir keine Sorgen machen. Er mischt Italienisch und Englisch, und ich verstehe nicht alles – aber das, was für mich entscheidend ist. Ich kann es schaffen!

Heute ist der Weg gut ausgeschildert, die App schalte ich nur zur Sicherheit immer mal wieder ein. Aus Monteroni D'Arbia hinaus verlaufen die ersten Kilometer auf einem kleinen Weg entlang verlassener Bahnschienen. Kein Mensch ist zu sehen und mich begleitet ein mulmiges Gefühl. Zum Glück löst sich das im Laufe des Vormittags in Luft auf. Dann sehe ich auf einem Feldweg, einige hundert Meter vor dem Örtchen Ponte d'Arbia, einen Stuhl im Schatten vor einem großen Strauch stehen. Der schöne Schattenplatz ist durch ein Schild mit der Aufschrift *Via Francigena* markiert. Ein Pausenplätzchen, denke ich. Wie nett! Ich setze mich hin und lasse den Blick über die weiten Mohnwiesen schweifen.

In Ponte d'Arbia angekommen, liegen 10 Kilometer und damit der größte Teil der heutigen Strecke bereits hinter mir. Ich mache Rast in einem Café und kaufe ein Salami-Sandwich. Eigentlich esse ich kein Schweinefleisch mehr, aber das Laufen strengt so an, mein Körper schreit nach diesem Sandwich. Danach kaufe ich in einem kleinen Shop noch Wasser, und weiter geht's. Die restlichen sechs Kilometer laufe ich in gut einer Stunde und hole schon um kurz nach 11:00 Uhr meinen zweiten Stempel im Museum von Buonconvento ab. Ich bin froh. Ich möchte mir hier die Pilgerstätte angucken, und da es noch so früh ist, bleibt dazu genug Zeit. Ich drehe zwei Runden durch die kleine Altstadt, doch die Pilgerherberge will sich offenbar partout vor mir verbergen. Schließlich frage ich einen älteren Wirt, der draußen an einem Tisch steht und meine fragenden Blicke schon beobachtet hat. Er erzählt mir, dass die Pilgerunterkunft geschlossen sei – na toll –, dass ich aber bei ihm für 40 € ein Zimmer inklusive Abendessen bekommen könne. Klingt nach einem Deal.

Was ich vorfinde, ist ein sehr kleines Zimmer von vielleicht sechs Quadratmetern, das dunkel und wenig komfortabel scheint. Was habe ich für den Preis von 40 € inklusive Essen erwartet? Vielleicht holt das Essen es ja raus. Ich könnte auch noch einmal runtergehen und das Zimmer tauschen. Ach, was soll's.

Wäsche möchte ich hier nicht waschen, das Badezimmer ist mit Dusche über der Toilette eher ein Abenteuer. Also wasche ich mich nur, creme meine Füße ein und mache ein paar Yoga-Übungen, um meine Beine und meinen Rücken zu entspannen. Dabei höre ich das erste Mal auf der Reise Musik und schalte in den Tagtraum-Modus. Wenn ich stark angespannt bin wie in den letzten Tagen, macht der Modus dicht. Heute ist er wieder offen.

Mittags schaue ich mir das kleine Örtchen an, hebe Geld ab und stelle fest, dass hier der Supermarkt von 13:00 bis 15:30 Uhr Siesta hält. Also wiederkommen. Ich laufe zurück in die Altstadtgasse, sehe ein Eiscafé und entscheide mich für mein erstes *Gelato* in Italien. Ich sehe Julia Roberts im Film *Eat, Pray, Love* quasi vor mir, wie sie ihr Eis voller Genuss auf der Piazza Navona in Rom isst. Dieses italienische Lebensgefühl möchte ich jetzt auch. Ehrlich gesagt, bekommt mir das Eis aber nicht. Es schmeckt ok, aber gegessen habe ich es nur, weil es zu Italien dazugehört. Eigentlich war mir mehr nach Tee. *Erkenntnis: Bitte nur das essen, wonach dir ist; vor allem dann, wenn der Bauch schon Weizen-Salami-vorbelastet ist.*

Auf dem Weg zurück zum Hotel kommt mir der Wirt von heute Mittag auf dem Fahrrad entgegen. Er hält an und sagt, ich sei doch die Frau, die bei ihm im Hotel übernachten würde. Er habe mein Gesicht sofort wiedererkannt. Während er das sagt, nimmt er mein Kinn in die Hand. Ich bin überrascht, wie angenehm vertraut sich diese Geste anfühlt, und lächle.

Am Nachmittag gehe ich in die Kirche, die Parrocia di S. Pietro, setze mich in eine der Bänke und denke nach. Und spüre wieder Unsicherheit und Angst. Wenn ich mich an die Streckenplanung meines Reiseführers halte, habe ich noch zehn Tagestouren vor mir. Schaffe ich das? Sofort meldet sich mein innerer Kritiker und besprüht die Angst mit giftigen Gedanken: *Das kann doch nicht wahr sein, dass du immer an dir zweifelst!! Hör auf damit! Wieso glaubst du nicht an dich?*

Ich brauche frische Luft. Ich laufe ziellos durch den Ortskern und lasse mich auf der Terrasse einer Bar direkt an einer der Hauptverkehrsstraßen nieder. Ich bin müde. Hinter mir sitzen zwei Italiener mit Wanderrucksäcken. Meine Motivation, sie anzusprechen, hält sich in Grenzen. Da ich mich im Hotel umgezogen habe und mit weißem T-Shirt und geblümter Stoffhose wie ein normaler Touri aussehe, bin ich nicht als Pilgerin zu erkennen.

Eigentlich wollte ich Austausch, gerade ist mir aber nicht nach Reden. Ich bin energielos und schlecht drauf.

Da immer noch Zeit bis zum Abendessen ist und ich nicht in mein dunkles Hotelzimmer zurück möchte, ziehe ich weiter in die nächste Bar. Zumindest gibt es hier Tee. Ich bestelle einen Roibuschtee, der guttut, und denke an das nächste Hotel, das ich heute Mittag schon in meinem kleinen Hotelzimmer für morgen reserviert habe: Ein 3-Sterne-Hotel mit Thermalbad und Sauna. Nach der einfachen Unterkunft von heute freue ich mich auf ein wenig Luxus. Vielleicht werde ich noch eine Nacht länger dort bleiben, um einen Tag zu pausieren – je nachdem, wie ich mich nach der Wanderung fühlen werde. Mein Plan ist, mir pro Wanderwoche jeweils einen Tag Pause zu gönnen. Das ist hier immer noch mein Urlaub. Ich möchte morgen früh los. Einen Bäcker, bei dem ich Frühstück bekomme, habe ich schon entdeckt. Morgen stehen 27 Kilometer an. Wenn ich um 07:00 Uhr loslaufe und fünf Stunden brauche, könnte ich mit Pause um 12:30 Uhr ankommen und um 13:00 Uhr im Thermalbad sein.

Was heißt eigentlich müde auf Italienisch? *Stanca. Sono stanca. Christiane, das darfst du auch sein. Von der vielen Bewegung, der ganzen Anspannung und allem, was sich gerade in dir bewegt.* Während ich das denke, höre ich das Lied *Read all about it* von Emily Sandé. *You've got the words to change the nation – but you're biting your tongue. If no one ever hears it how do we know about your song?* singt sie, na das passt ja. Wie gelingt es mir, meinen Gefühlen mehr Raum zu geben und sie auszudrücken?

Mir wird gerade bewusst, wie wichtig es ist, zur Ruhe zu kommen und in mich hineinzuhören. Gerade in Momenten wie diesen, in denen ich mich aus nicht direkt erklärbaren Gründen schlecht fühle. Erst jetzt merke ich nämlich, wie hungrig ich bin. Ich habe

heute Mittag nur meine Essensreste, also etwas Brot und Obst gegessen. Dabei brauche ich drei richtige Mahlzeiten. Am liebsten
warm. Eigentlich weiß ich das auch, heute lag die Erkenntnis aber
offenbar auf Eis. Obwohl mich der Tee von innen wärmt, kommt
schleichend wieder die Leere in mir hoch. Es fühlt sich komisch an,
hier inmitten dieser lebendigen Bar-Atmosphäre mit den vielen
Menschen allein zu sitzen. Das Alleinsein scheint wie ein Makel,
der an mir haftet und der unter Menschen offensichtlich wird. Wo
soll ich denn hin mit all meiner Liebe? Für den Moment entscheide
ich mich, sie meiner Freundin Julie zu schicken. Wir sind befreundet, seitdem wir uns mit 18 Jahren jeden Tag zu den Proben unserer
Showtanzgruppe gesehen haben.

Ich: *Süße, die ersten 2 Etappen liegen nun hinter mir. Der erste Tag war hart, das Alleinsein, die schöne Natur, ich musste die halbe Zeit weinen. Heute ging es mir besser.*

Julie: *Ach Süße, wie schön von dir zu hören!!! Kann mir gut vorstellen, dass das Alleinsein eine Herausforderung ist. Drücke dich gaaaanz feste.*

Ich kann's kaum erwarten, zum Abendessen zu gehen und bin gespannt, was das Albergo di Roma zu bieten hat. Ich laufe in das
fast leere Restaurant, gut, ich bin sehr früh. Der nette Wirt begrüßt
mich mit *Amore!* und führt mich zu meinem Tisch. Oh, wie ich ihn
mag. Oh, was bin ich bedürftig nach Zuwendung. Der Wirt ist
schätzungsweise über 60 und stellt sich als Giovanni vor. Als *Primo
piatto* bekomme ich eine toskanische Gemüsesuppe, die ich so noch
nicht gegessen habe, mit vielen weißen Bohnen. Lecker. Als
Secondo piatto gibt es ein Stück Kalbsfleisch mit Trüffeln und Ge-
müse. Schmeckt auch. Das Tiramisu konnte ich dem netten Wirt
dann auch nicht mehr abschlagen. Ich mag es, verwöhnt zu werden. Nach dem Essen machen Giovanni und ich ein Selfie. Im

Laufe des Abends füllt sich das Restaurant und ich lerne endlich die ersten Pilger kennen. Es sind zwei Frauen aus Holland, ich vermute circa Ende Vierzig. Sie laufen auch von Siena nach Rom, scheinen aber andere Routenabschnitte zu planen und teilweise den Bus zu nehmen. Neben den Holländerinnen sitzt noch ein älteres französisches Paar, das ebenfalls zu Fuß unterwegs ist. Wir tauschen ein paar Sätze aus, besonders tief geht das Gespräch aber nicht. Ich verabschiede mich daher früh, möchte ja morgen um 07:00 los, damit ich mittags in der Therme ankomme. Eins ist klar: Es ist so wichtig, dass ich gut esse. Ich fühle mich viel besser als heute Nachmittag. Vielleicht lieber mal mittags eine Suppe als ein Salami-Baguette. Andererseits, es ist, wie es ist. Wenn eben nur ein Salami-Baguette in Sicht ist, dann ist es so. Wenn der Bauch danach protestiert, darf er das. Ich nehme mir vor, den Selbstverurteilungs-Modus abzuschalten. Bevor ich schlafen gehe, melde ich mich noch bei Vanessa. Wir sind seit der 5. Klasse befreundet.

Ich:	*Ciao Babe! Liebe Grüße aus der Toskana! Die zweite Etappe liegt nun hinter mir. Die Landschaft ist unheimlich schön!! Eben hab' ich die ersten Pilger kennengelernt, ich lieg nicht ganz im Altersschnitt.*
Van:	*Babe!! Wie schön, von dir zu lesen. Ja, die Toskana ist ein Traum. Bin sehr stolz auf dich, dass du das machst. Echt mutig.*
	Auf dass deine Beine dich sicher und locker nach Rom tragen! Enjoy! Und bitte lache dir keinen Rentner-Pilger an – auch wenn er skandinavische Wurzeln hat ;-) Bussi
Ich:	*Babe, du bist die Coolste, ich habe grad so gelacht. Rentner-Pilger!*

Ich schicke Vanessa das Selfie von Giovanni und mir.

Ich:	*Wobei ich gestehen muss, ich habe eine Schwäche für diese charmanten, älteren Wirte. Das hier ist Giovanni.*

Nach den Erfahrungen mit meiner ersten großen Liebe Claudio, einem Halb-Sizilianer, behaupte ich immer, dass ein italienischer Mann viel zu emotional und dramatisch für mich sei und ich einen mit geerdeten skandinavischen Wurzeln bevorzugen würde. Meine Freunde ziehen mich damit gerne auf.

Monteroni D'Arbia – Buonconvento: 15,7 km
Hotel: Albergo Roma

Bagno Vignoni

BITTE EINMAL DURCHKNETEN

Was für ein Tag! Was für eine Tour! Nach der gemäßigten Variante gestern haben die heutigen 27 Kilometer mit 500 Metern Höhenunterschied nach oben und 250 Metern nach unten voll eingeschlagen. Ich bin um 07:30 Uhr beim Bäcker gestartet und war erst um 16:00 Uhr in Bagno Vignoni hier im Albergo Le Terme. Nix mit ab 13:00 Uhr in der Therme chillen! Aber noch einmal zurück zum Anfang.

Ich verlasse Buonconvento und laufe einige hundert Meter auf einer viel befahrenen Straße ohne Gehweg. Endlich biegt der Weg in eine ruhige Straße ab, auf der kaum Autos fahren. Die Straße führt hinauf auf einen Hügel, zurück in die toskanische Landschaft. Ich laufe und laufe und komme vorbei an einem Weingut und an wunderschönen Weinbergen, die von Zypressen umgeben sind. Die Ausblicke sind postkartenähnlich und ich bleibe immer wieder stehen, um Fotos zu machen. So zieht sich die erste Hälfte der Tour hin. Ich treffe zwar immer noch keine Pilger auf der Strecke, dafür aber redselige Ortsansässige, mit denen ich ein wenig plaudere. Gut, dass ich vor der Reise zumindest viermal beim Italienisch-Kurs an der VHS war. So beherrsche ich den Basic-Smalltalk darüber, von wo ich komme, seit wann ich laufe und ob ich wirklich die ganze Strecke nach Rom laufen möchte, allein, _da sola!!??_ Als Erstes spricht mich ein älterer Herr vor dem Supermarkt an, dann eine Dame im Supermarkt und schließlich eine weitere Dame im Café von Torrenieri. Als ich nach meiner Pause im Café fast sieben qualvolle Kilometer in der prallen Sonne bergauf laufe, quatscht mich noch eine Gruppe von Herren an, die mich mit einem Transporter überholen. Da kann ich aber nicht mehr viel antworten.

Nach dem langen Aufstieg schaffe ich es irgendwann in den kleinen Ort San Quirico d'Orcia und sehe die gotische Kirche am Ende der kleinen Altstadtgasse. In jeder Kirche, die ich auf der Wanderung betrete, zünde ich eine Kerze an. Also gehe ich auch hier hinein. Ich setze mich auf eine Bank, um in der Kühle etwas auszuruhen, und spüre, wie müde und hungrig ich bin. Nennenswerten Proviant habe ich keinen mehr dabei. Also richte ich ein stilles Gebet gen Himmel, dass es hier in diesem scheinbar verschlafenen Dörfchen ein Restaurant geben möge, das mittags geöffnet hat und warme Speisen serviert. Ich brauche dringend Pasta. Bitte! *Prego!* Ich stehe auf, zünde die Kerze an und verlasse die Kirche durch den Seitenausgang. Und was erblicke ich? Ein kleines süßes Gässchen mit zwei, drei geöffneten Restaurants. Wie wunderbar! Danke, lieber Gott!!! Das erste Restaurant spricht mich direkt an. Ich setze mich draußen an den Tisch und schreibe euphorisch Silvia und Saskia, meinen liebsten Kolleginnen und Freundinnen.

Ich: *Ihr Lieben! Es ist magic. Ich habe nun 4/5 des Tages geschafft. Die letzten 7 km waren sehr mühsam. Ungefähr jede zweite Min habe ich mich gefragt, warum ich das hier eigentlich mache!?? Dann kam ich in San Quirico an, bin in die Kirche gegangen und habe gebetet, dass es ein offenes Restaurant mit Mittagstisch gibt (nicht in jedem Ort mittags üblich). Ich habe so Heißhunger auf Nudeln... Ich komme aus der Kirche, laufe um die Ecke und prego!!!*

Und dann bringt der Kellner die Karte. Ich schaue kurz hinein und bestelle sofort. Nudeln und Salat.

Silvia: *… dann lass es dir schmecken!*

Kurze Zeit später bringt der Kellner schon mein Essen. Einen Salat und einen großen Teller mit Fleisch, sieht nach Tranchen vom Rind aus, wo sind meine Nudeln? Ich denke kurz nach und dann wird mir mein Fauxpas bewusst. Habe ich jetzt wirklich Tagliata mit Tagliatelle verwechselt? Das wäre vermutlich Inhalt der 5. VHS-Stunde gewesen. Anfängerfehler.

Ich: *Witzig! Die Karte war nur auf Italienisch! Ich dachte, ich hätte Taglia-telle bestellt.*

Ich schicke ihnen das Bild von meinem Teller.

Saskia: *Ach herrje, schmeckt es denn? Aber Fleisch gibt Kraft.*
Ich: *Si! Und die Moral von der Geschicht: Der liebe Gott präsentiert mir meinen Wunsch auf dem Silbertablett und ich greife daneben . Vielleicht soll das ja aber so sein.*
Saskia: *Ne ne, der liebe Gott präsentiert dir deinen Wunsch auf einem Silber-tablett und lässt dich gleichzeitig etwas Neues lernen!*
Silvia: *… auf jeden Fall kohlenhydratarme Kost!! … der liebe Gott wollte dich vor Bauchschmerzen bewahren!!*

Das letzte Stück nach Bagno Vignoni führt durch ein Waldstück, das oberhalb des Ortes liegt und verlassen wirkt. Der schmale Trampelpfad, auf dem ich laufe, gibt mir nicht gerade ein sicheres Gefühl. Die Beschilderung hier verwirrt mich, meine App scheint ebenfalls erschöpft zu sein und ich bin nicht sicher, ob ich auf dem richtigen Weg bin. Immer wieder überfällt mich das Gefühl der Angst. Witzig, in dem Zusammenhang von *überfallen* zu sprechen, da ich ja genau davor Angst habe und die Angst mir genau das antut und damit der eigentliche Übeltäter ist. In meinem Kopf höre ich den Satz einer Bekannten, die mich vor meiner Abreise fragte, ob es wohl so eine gute Idee sei, allein als Frau zu reisen? Und in dem Moment denkt es wieder in mir: *Siehste Christiane, hast du nicht auf die guten Ratschläge gehört, hast dich unnötig in Gefahr gebracht.* Dann sehe ich in der Ferne auf einem Hügel einen einsamen Baum stehen. Er wiegt sich ganz leicht im Wind. Schön, denke ich, und steige aus dem Gedankenkarussell aus.

Um 16:00 Uhr komme ich völlig erschöpft im Hotel an. Das Hotel ist für seine 3 Sterne eine kleine Perle. Vielleicht liegt es auch am Vergleich zum letzten Hotel, aber mein Zimmer kommt mir unheimlich luxuriös vor. Nachdem ich meine Sachen zum Waschen abgegeben habe, – hier nutze ich den vollen Luxus –, besuche ich die Therme. Mit mir kommt wieder das unangenehme Gefühl der Unsicherheit und der Scham. Allein an diesem romantischen Ort zu sein, ohne einen Partner, fühlt sich komisch an. Davon abgesehen ist das Thermalbad ein Traum. Es ist relativ leer, so dass ich mir eine Stunde lang von der Massagedrüse die Hüfte und meine Beine massieren lassen kann. Die Tour heute war so anstrengend und mein Körper fühlt sich so strapaziert an, dass ich kurz nach der Ankunft direkt um eine Nacht verlängert habe und hier morgen einen Ruhetag einlegen werde.

Buonconvento – Bagno Vignoni: 27,7 km
Hotel: Albergo Le Terme

Bagno Vignoni
STEHEN BLEIBEN

Heute ist Ruhetag und der tut gut. Das erste Mal, seitdem ich in Italien bin, habe ich gut geschlafen. Das Bett ist großartig. Und das Frühstück ein Traum. Das Angebot an Dolci, Plätzchen, Cantuccini und Kuchen ist riesig. Warum frühstücken Italiener so süß? Warum vertragen sie das so gut? Weil ihr Körper nicht durch den Stress völlig übersäuert ist wie meiner? Außerdem gibt's neben einem reichhaltigen Angebot an Cerealien Superfoods, Chia-Samen und Goji-Beeren. _Mio Dio!_

So Ruhetage bergen auch ein Risiko in sich. Sie bieten Zeit und Gelegenheit, auf Facebook zu surfen. Und in der Regel führt das nicht dazu, dass man sich hinterher besser fühlt. Auch dieses Mal nicht. Ich finde einen aktuellen Post von Peter, meinem Exfreund, der irgendwo in der Welt rumreist und großartig aussieht. Warum konnte Peter nicht der Richtige sein? Es war leicht, mit ihm und seinem fröhlichen Gemüt Zeit zu verbringen. Und schwer, unsere Konflikte auszuhalten. Die zu lösen – darin waren wir richtig schlecht. Ich hatte keine Geduld und meine kritische Stimme gab keine Ruhe, bis ich mich letztendlich von ihm trennte.

Ich lenke mich ab und schicke Katja, meiner Freundin und Yogalehrerin, ein Bild von mir vor dem alten Bad von Bagno Vignoni.

Ich: _Bin gerade in Bagno Vignoni und ruhe mich hier aus. Wobei ich gestehen muss, dass ich mich heute überraschend fit fühle, hätte ich gestern nicht gedacht!_

35

Du siehst aber friedlich aus!! Hab' kein anderes Wort. Aber irgendwie bist du schon in peace. Auch wenn du es nicht fühlst.

Meine Gemütslage ist schwer zu beschreiben. Es ist eine Mischung aus Trance, Zufriedenheit, Respekt vor dem Rest der Wanderung und Erschöpfung von der verurteilenden Stimme in meinem Kopf.

Am Nachmittag besuche ich wieder die Therme, lasse mich durchkneten und hole mir anschließend im Hotelbistro ein Sandwich. Eigentlich ist mir danach, mich auf's Zimmer zurückzuziehen und für mich zu sein. Aber als ich Gäste draußen auf der Terrasse sitzen sehe, kommt eine andere vertraute Angst in mir hoch: nämlich die, ich könnte etwas verpassen. Also setze ich mich mit meinem Sandwich an einen freien Tisch. Umzingelt von drei deutschen Pärchen, unter anderem einem sehr süßen jungen Paar mit einem Baby, springt mich das Gefühl der Unvollständigkeit sofort wieder an. Ich war 10 Jahre alt, als ich das erste Mal ein kleines Baby auf dem Arm hielt. Meine Cousine Hannah. Seitdem gab es für mich kein größeres Glück, als die Nähe eines Babys zu spüren. Dass ich irgendwann meine eigene Familie haben würde, stand für mich nie in Frage. Allerdings wusste ich mit 10 Jahren noch nicht, wie herausfordernd die Suche nach dem passenden Partner sein würde. Gibt es das? Den passenden Partner? Oder ist das ein Konstrukt in meinem Kopf? Nach 30 Minuten gehe ich endlich auf's Zimmer. Dort mache ich Yoga, höre Musik und komme langsam wieder runter. Dabei fließen auch wieder Tränen.

Bislang könnte ich meine Reise auch betiteln mit: *Auf der Suche nach guter Pasta.* Nach meinem Fauxpas von gestern probiere ich es heute Abend im Hotelrestaurant noch einmal und bestelle auf Italienisch Spaghetti, die Bedienung sagt etwas von *con pesce*, mit

Fisch, und ich sage *ja*. Es kommt diesmal wirklich Pasta, aber mit Fischrogen inklusive intensivem Fischgeschmack. Das fischige Topping hatte ich mir anders vorgestellt. Zum Glück kann ich den Geschmack durch das leckere Olivenöl pimpen. Das habe ich jetzt aber auch auf meinem weißen Shirt, kann ich dann gleich noch einmal waschen. *Brava*!

Ich schaue auf mein Handy und sehe eine Nachricht von meinem Vater, was nicht so oft vorkommt.

Papa: *Hallo mein Schatz, ich hoffe es geht dir gut und du hast schon viel Schönes gesehen. Bis bald Papa*

Ich: *Hallo Papa! Danke dir, langsam komme ich an. Heute habe ich einen Ruhetag. Morgen geht's weiter mit einer langen Etappe von 28 km. Dicken Kuss*

Ich bin froh, dass sich mein Körper so schnell von den anstrengenden Wanderungen erholt und gar keine Pause gebraucht hätte. Für meine Seele war die Pause aber wichtig. Drei Etappen im Außen fühlen sich nach 10 Etappen im Innen an.

Radicofani
AUF ALLEN VIEREN

Andy: *Hab heute einen guten Weg – trotz eventueller Hunde. Sie ge-*
hören dazu, hab keine Angst. Gott beschützt dich.

Ich lese die Nachricht und mir schießen Tränen in die Augen. Weil
ich spüre, wie lieb die Worte gemeint sind, und weil ich mir so sehr
wünsche, beschützt zu sein. Ich bin angespannt und habe Angst.
Für die heutige Tour hat der Reiseführer die freilaufenden Hunde
angekündigt. Ich trage beim Laufen eine Trillerpfeife um den Hals,
um sie mit dem schrillen Ton zu verscheuchen, sollten sie mir zu
nahe kommen. Beim Selbstverteidigungskurs, den ich vor einigen
Wochen gemacht habe, habe ich mit der Trainerin sogar geübt, wie
ich mich bei einem Angriff durch einen Hund wehre. Ich habe
Angst vor Hunden, seitdem mir im Alter von zwei Jahren ein großer Schäferhund hinterhergelaufen ist. Zumindest hat das meine
Mutter immer erzählt.

28 Kilometer. Das ist die Länge der heutigen Route und damit
die längste Tour der gesamten Wanderung. Ich lasse mir zur Sicherheit im Hotelbistro noch ein Salami-Panini einpacken und
starte los. Der überwiegend blaue Himmel sieht vielversprechend
aus und macht eigentlich Lust auf Wandern. Für diese Nacht habe
ich kein Hotel reserviert. Ich brauche dringend Austausch mit anderen Pilgern und möchte in der Pilgerherberge in Radicofani
übernachten.

Nachdem ich den Zubringer zum Hotel verlassen habe, geht es
über eine riesige Stahlbrücke zurück in die toskanische Landschaft.

Ich laufe vorbei an großflächigen Weinbergen und lieblich geschwungenen Hügeln. Meine Augen baden in den verschiedenen Grüntönen. Ich liebe diese Landschaft. Trotzdem ist der Gedanke an die Hunde die meiste Zeit präsent.

Ich laufe weiter auf schmalen Straßen und durch dünn besiedelte Landschaften. Nach zwei Kilometern höre ich sie, bellende Hunde, und verkrampfe sofort. Ich laufe weiter, es hilft ja nichts, und sehe dann, dass die Hunde in einem Zwinger eingesperrt sind und mir nicht nahekommen können. Sind das die besagten Hunde? Oder kommen die noch? Ich laufe schnell weiter.

Julia, meine Schwester, schickt mir ein Bild von dem Standort, den die App anzeigt, und schreibt:

Julia: *… du bist ja schon wieder unter die Wandersleut' gegangen …*
         Jaaaa genau! Ich passe auf wie ein Schießhund …!!!
         Genieße es!!! Denke ganz fest an dich!!
Ich: *Lieb dich sehr.*

Die Route wird immer einsamer, Häuser seltener, und irgendwann befinde ich mich inmitten eines toskanischen Feldes. Es geht stark bergab. Der Weg wird mit jedem Schritt schmaler und gleicht irgendwann nur noch einem Trampelpfad. Ich wundere mich zwar, dass der Weg fast nicht mehr erkennbar ist, laufe aber weiter, bis dieser wie aus dem Nichts aufhört. Wann habe ich das letzte Hinweisschild für die Via Francigena gesehen? Ich erinnere mich nicht und hole mein Handy heraus. Oh!!! Ich bin völlig vom Weg abgekommen. Laut App bin ich gerade im Niemandsland. Und der Weg verläuft irgendwo nordöstlich von mir. Ich überlege umzudrehen und den Weg zurückzulaufen, das hieße aber, dass ich mich einige hundert Meter mühsam bergauf durch die Felder zurückkämpfen müsste. Keine Option. Ich entscheide mich für die direkte Route querfeldein.

Ich laufe weiter bergab, bis ich etwas ratlos vor einem Graben stehe, an den auf der anderen Seite des Feldes eine steile Böschung angrenzt. Wie soll ich hier hochkommen? Kurz drehe ich mich noch einmal um und überlege, doch zurückzulaufen. Dann nehme ich all meinen Mut zusammen, springe über den Graben und klettere auf allen Vieren die Böschung herauf. Keuchend folge ich dem Feld weiter bergauf und kann 300 Meter entfernt endlich einen Weg erkennen. Gott sei Dank. Ich schaue auf die App und bin wieder auf Spur. Ich habe zwar immer noch nur Felder und keine Zivilisation um mich herum, aber immerhin bin ich auf einem eindeutig markierten Weg. Zwei Stunden bin ich jetzt schon unterwegs, habe aber erst sechs Kilometer geschafft. Und ganz ehrlich: Das reicht mir heute an Abenteuer!!

Der Weg führt weiter durch eine einsame Hügellandschaft. Der Himmel wird immer dunkler und es fängt an zu regnen. Durch mein großes, lilafarbenes Regencape, das ich mittlerweile trage, macht mir das nicht viel aus; angenehm ist es aber nicht, und ich bete, dass sich kein Gewitter zusammenbraut. Ich bin hier der höchste Punkt auf den Hügeln und ein Blitzeinschlag fehlt mir heute noch. Es hilft nichts, ich laufe weiter … und weiter … Meine Wasservorräte neigen sich dem Ende, aber die Route ist so einsam – Möglichkeiten, um neues zu kaufen, gibt es nicht. Dann sehe ich an einem der spärlich gesäten Bauernhöfe einen Mann vor einer Scheune arbeiten und frage ihn spontan nach Wasser. Wieder zahlt sich der VHS-Kurs aus. Der Mann ist freundlich und deutet mir an, ihm in die Scheune zu folgen. Dort hält er mir den Wasserschlauch hin und füllt meine Wasserflasche auf. *Grazie.*

Weiter geht's. Immer wieder komme ich an Weggabelungen, an denen der Weg nicht eindeutig ausgeschildert ist. Nach meiner Verirrung am Anfang des Tages bin ich verunsichert und checke in engen Abständen meine Position mit der App. Der Weg führt mich unter einer Brücke hindurch, ich muss einen Fluss überqueren und immer wieder kommen Zweifel auf, ob ich auf dem richtigen Weg bin.

Nach einer Weile bin ich wieder nur umgeben von toskanischen Hügeln und … ähh … was ist das? Schafe!? Mir kommen hunderte von Schafen entgegen. Seit wann rennen Schafe so schnell? Sie rennen auf mich zu und mich überkommt Panik. Wohin soll ich ausweichen? Der Weg ist durch Zäune von den umliegenden Wiesen abgegrenzt und es gibt keine Möglichkeit, aus dem Weg zu gehen. Ich bleibe abrupt stehen und hoffe, dass hier irgendwo noch ein Schäfer auftaucht, der verhindert, dass ich überrannt werde. Und dann, kurz bevor die Schafe und ich aufeinandertreffen, biegen sie links in die Einfahrt eines Bauernhofes ein. Ich atme auf. Warum sehe ich eigentlich überall die Gefahr?

Die Wanderung zieht sich hin. Immer noch keine Einkehrmöglichkeit. Als ein Schild *Radicofani 8 km* anzeigt, setze ich mich auf einen Stein an den Straßenrand und esse mein Salami-Sandwich. Noch acht Kilometer!! Ehrlich gesagt bin ich vollkommen fertig und kann mich kaum noch motivieren. Die permanente Angst vor Hunden, Gewitter, Hunger, Durst, Ohnmacht, Überfall, Erschöpfung, Verlaufen oder was mein Kopf sich sonst noch so für Dämonen ausdenkt, schlaucht mindestens genauso wie das Laufen selbst. Lange ruhe ich nicht aus, schließlich habe ich noch keine Unterkunft für die Nacht und muss die Pilgerstätte finden.

Als wäre mein Erschöpfungszustand nicht schon genug, liegt Radicofani auch noch oben auf einem Berg. Es geht die letzten Kilometer also nur noch bergauf. Und zwar steil bergauf. Angefangen zu regnen hat es auch wieder, aber ich habe keine Lust, mein Regencape das dritte Mal heute herauszuholen. So stapfe ich triefend und leidend vor mich hin, als ein Auto neben mir anhält. Am Steuer sitzt ein älterer italienischer Mann und deutet mir an, zu ihm ins Auto zu steigen. Er macht mit seiner Hose im Army-Style auf mich keinen besonders vertrauenswürdigen Eindruck, deshalb sage ich *No grazie* und gehe weiter. Der Mann bleibt hartnäckig und fährt im Schritttempo neben mir weiter. Ich spüre, wie mein Körper und mein Wille schwach werden. Entgegen allen Warnsignalen in meinem Kopf steige ich schließlich in seinen Wagen ein. Was ist das heute bitte für eine Etappe!!?? Wo fährt er mich hin?

Nach zwei Minuten parkt der Wagen. Ich sehe draußen an dem Haus das Pilger-Symbol - wir stehen vor der Pilgerunterkunft. Oh. Da hat mich mein erster Eindruck wohl getäuscht. So, wie sich der Mann in der Herberge verhält, scheint er einer der Verantwortlichen hier zu sein. Er zeigt mir mein Zimmer, ein Sechs-Bett-Zimmer, das Gemeinschaftsbad, die Küche und die Spardose für meine Spende. Einen Stempel gibt er mir auch. Dann verabschiedet er sich.

Ein anderes Zimmer ist bereits belegt, ansonsten ist aber niemand in der Herberge. Das Bad ist das nächste Abenteuer. Es ist so sauber wie ein Bad eben ist, das täglich von einem Dutzend Pilgern benutzt wird. Es ist verschimmelt und danach riecht es auch. Ich dusche so schnell ich kann. Zumindest fühle ich mich jetzt etwas erfrischt und dank meiner Rosen-Seife von Lush auch angenehm duftend. Die Seife verschafft mir jeden Tag einen kleinen Luxus-Moment.

Ich: *Die Wanderung nach Radicofani mit ihren 28 km ist geschafft!!!*
Heute habe ich in der Pilgerunterkunft „eingecheckt": Ich dachte mal Networking und so … Aber Askese ist nix für mich, ich brauche ein Zimmer für mich und mein Bad.

Andy: *Wollte dir gerade schreiben. Hast du die Pilgerunterkunft schon gewechselt oder ziehst du das durch? Kann ich gut verstehen – insbesondere ein eigenes Bad würde mir fehlen!*

Ich: *Danke dir.*
Nein, diese Nacht bleib ich hier.

Außer mir haben sich mittlerweile drei italienische Männer Anfang sechzig in der Herberge eingefunden. Sie sind offensichtlich sehr gut gelaunt und singen mit voller Inbrunst italienische Lieder. Nur Englisch sprechen sie nicht. Da hier mein erwünschter Austausch nicht zu erwarten ist, mache ich mich auf, den Ort zu erkunden.

Radicofani ist ein kleiner, mittelalterlicher Ort. Außer einem Delikatessenladen gibt es nicht viel zu entdecken, das Wetter ist kalt und die Kirchen haben geschlossen. Ich gehe daher in ein Café.

Es ist ein gemütliches Café. Ich bestelle einen Tee und setze mich an einen leeren Tisch. Neben mir sitzen zwei Damen, ich schätze sie auf Anfang Fünfzig. Sie sind sportlich gekleidet und könnten ebenfalls Pilger sein. Wir lächeln uns an und kommen sofort ins Gespräch. Aura und Marieke kommen aus Holland und könnten unterschiedlicher nicht sein. Aura ist sehr sportlich und hat ein sehr gepflegtes Erscheinungsbild. Wie ich später erfahre, ist sie auf Curaçao geboren. Durch ihre dunkle Hautfarbe sieht sie jünger aus, als sie ist. Marieke hat kurzes graues Haar und ist vom Typ her eher burschikos. Die beiden pilgern tatsächlich auch! Allerdings sind sie in Maastricht gestartet und schon seit über zwei Monaten unterwegs. Für sie stellen die verbleibenden acht Etappen nach Rom eine verhältnismäßig kurze Strecke dar. Für mich bedeuten sie noch zwei Drittel des Weges. Es ist alles relativ. Sie erzählen mir, dass es noch eine zweite Pilgerherberge gibt, wo die beiden untergekommen sind. Wo sind denn die ganzen Pilger tagsüber, frage ich mich. Ich habe unterwegs immer noch keinen einzigen gesehen. Es tut gut, sich mit den beiden auszutauschen und über die Strapazen des Tages zu sprechen. Sie sind bestens informiert und haben jede Menge Pilger-Tipps für mich. Zum Beispiel erzählen sie mir von einem Restaurant im Ort, in dem es ein besonderes Pilgermenü geben soll, und wir verabreden uns dort zum Abendessen.

Zwei Stunden später treffen wir uns wie besprochen wieder und setzen uns gemeinsam an einen Tisch. Innerhalb kurzer Zeit füllt sich ein weiterer Tisch mit sechs oder sieben Personen, überwiegend Franzosen, die sich alle zu kennen scheinen und zum Teil gemeinsam reisen. Und die drei italienischen Herren aus meiner Pilgerunterkunft kommen auch. Die Holländerinnen kennen alle und geben mir eine kurze Einführung, wer wer ist. Das Essen besteht aus drei Gängen, ist einfach und günstig. Aura und Marieke erzählen von weiteren Pilgern, die sie auf der Tour getroffen haben. Am meisten beeindruckt mich die Geschichte einer 92-jährigen Pilgerin, die von Norditalien aus wandert. Was der Glaube alles möglich macht, denke ich.

Julia: *Huhu Schwesterherz, wo bist du gerade? In der App sieht es komisch aus …*

Ich: *Hi Maus, ich sitze im Restaurant La Grotta in Radicofani.*

Julia:	*Sehr gut! Guten Appetit! Danke für die schnelle Info!*
Ich:	*Na claro!! Wenn du schon Acht gibst, sollst du dir nicht unnötig Sorgen machen.*

Ich bin sehr froh, die beiden Holländerinnen heute kennengelernt zu haben. Der Austausch mit ihnen tut gut, aber der Tag war anstrengend und ich verabschiede mich nach dem Essen in meine Pilgerunterkunft.

Dort lerne ich noch ein Paar kennen, einen Engländer und eine Französin, ich schätze Anfang dreißig, die seit Frankreich zusammen unterwegs sind. Außerdem höre ich aus einem der Räume die etwas gebrechliche, aber immer noch sehr lebendige Stimme einer älteren Dame. Das muss die 92-jährige Pilgerin sein, wie sie mit ihrer Begleiterin, einer jungen Frau aus ihrer Heimatgemeinde, redet. Ich bin voller Respekt vor ihrer Leistung und davor, dass sie auch hier in der Herberge schläft.

In meinem Zimmer, das eigentlich für sechs Personen ausgelegt ist, liegt außer mir nur noch die Französin. Da ich früh hier war, habe ich mir eines der Einzelbetten am Fenster gesichert. Die Französin liegt oben in einem der beiden Etagenbetten.

Ich kann nicht einschlafen. Dabei bin ich hundemüde, und das meine ich wörtlich. Ich bin müde von meiner permanenten Angst. Vor den Hunden, vor Gewitter, davor, niemals anzukommen und vor dem Mann im Auto. Das Erstaunliche ist: Ich habe Angst und tue es trotzdem. Ich habe Angst vor den Hunden und laufe trotzdem. Ich habe Angst, ins Auto einzusteigen, und mache es trotzdem. Anscheinend hat die Angst einen Mitspieler namens Mut. Oder ist das ein Gottvertrauen, das mir nicht bewusst ist? Was, wenn das alles Teil dieser Erfahrung ist? Vielleicht ist die

Angst gar nicht so negativ, wie ich sie immer wahrnehme? Vielleicht kann ich nur durch sie erst erkennen, wie mutig ich eigentlich bin? Vielleicht ist es auch das Alleinsein, das es mir erst ermöglicht hat, offen für den Kontakt zu einer höheren Instanz zu sein und mir bewusst darüber zu werden, dass ich nie wirklich allein bin?

Je mehr Angst ich habe, umso mehr denke ich an Gott und bete. Die Angst hat mich dazu gebracht, ein persönliches Gebet zu formulieren. Aktuell lautet es so:

Bitte lieber Gott, nimm die Angst von mir,
beobachte und beurteile sie für mich.
Zeig mir, wie ich sie in Frieden umwandle.

Hilf mir, die Liebenswürdigkeit in mir zu erkennen
und anzunehmen. So dass ich Liebe schenken kann.
Meinem Mann und meiner eigenen Familie.

Bagno Vignoni – Radicofani: 28,9 km
Pilgerunterkunft S. Petri et Iacobi, ggü. der Hauptkirche S. Pietro

Acquapendente
GIOVANNI, DER ZWEITE

Silvia: _Guten Morgen meine Liebe, wie war deine Nacht in der Herberge? Ich hoffe, du bist gestärkt für die neue Etappe!! Ich freue mich schon auf deinen Report!!!_

Ich habe nicht gut in der Pilgerunterkunft geschlafen. Meine Heilpraktikerin hatte recht, die spirituelle Erfahrung hat nichts mit Askese zu tun und es ist wichtig, dass ich gut für mich sorge. Ich habe geträumt – vermutlich ausgelost durch den Tipp meines Onkels, ich solle im Mehrbettzimmer meine Wertsachen unter mein Kissen packen – dass mir jemand meine Sachen stehlen und meine Decke wegnehmen wollte. Positiv ist, ich habe mich im Traum gewehrt, die Decke habe ich behalten, das Handy war weg.

Um 07:00 bin ich mit den beiden Holländerinnen zum Frühstück in einer Bar am Rand von Radicofani verabredet. Auf dem Weg dorthin treffe ich auf die singende Altherren-Gruppe, die in derselben Unterkunft wie ich übernachtet hat. Sie sprechen mich an und können erstaunlicherweise Deutsch. Sie erzählen, dass sie nahe der österreichischen Grenze wohnen und diese Tour jedes Jahr zusammen machen. Einer der Herren, Giovanni, ist besonders aufmerksam und möchte alles Mögliche von mir wissen: seit wann ich unterwegs bin, ob ich alleine wandere, was ich beruflich mache, usw. Wir unterhalten uns wirklich nett und es dauert nicht lange, bis ich den zweiten älteren Herrn namens Giovanni in mein Herz schließe. Ist es wohl ein Zufall, dass Giovanni die italienische Form von Johannes ist? Johannes ist der Name meines Vaters.

47

In der Bar angekommen, trinke ich mit den Holländerinnen einen Tee und esse ein Croissant. Dann geht es los. Die nächste Etappe.

Wir gehen die ersten zweihundert Meter gemeinsam, aber irgendwie fühlt sich das nicht richtig an. Anders als ich laufen die Holländerinnen ohne Wanderstöcke. Ich komme mir mit meinen sehr dynamisch und professionell vor. Mein Bruder hat sie mir geliehen. Ich habe zwar einige Etappen gebraucht, um mich an sie zu gewöhnen, aber mittlerweile möchte ich sie nicht mehr missen. Sie entlasten meine Beine und ich habe das Gefühl, dass ich mit ihnen schneller unterwegs bin. Das kann aber auch daran liegen, dass ich 15 Jahre jünger bin als die Ladys, denke ich. Da mir nicht mehr nach reden zumute ist und ich lieber alleine laufen möchte, verabschiede ich mich mit den Worten: *„Ich geh dann schon mal vor … Wir sehen uns bestimmt abends noch einmal wieder."* Ich ziehe das Tempo an und wandere auf dem breiten Feldweg davon, umringt von grünen Wiesen.

So laufe ich die nächsten 30 Minuten weiter. Der Weg ist mittlerweile wieder sehr hügelig geworden und ich kann das Tempo nicht halten. Ich kämpfe mich gerade einen der Hügel hoch, als ich Schritte hinter mir höre. Huch … Es sind die Holländerinnen, die leichtfüßig die Steigung hochspazieren. Wie machen die das denn? Haben sie mich etwa eingeholt? Wäre mein Kopf durch die Anstrengung nicht ohnehin schon hochrot, würde ich jetzt rot werden vor Scham … Ich habe sie unterschätzt.

Nachdem die Holländerinnen aufgeschlossen haben, laufen wir wieder gemeinsam, was sich als angenehmer herausstellt als erwartet. Wir reden nicht kontinuierlich; immer wieder kann ich meinen eigenen Gedanken nachhängen. Und zwei Kilometer später passiert das, wovor ich gestern die ganze Zeit Angst hatte: Ein großer weißer Schäferhund kriecht unter einem Zaun hindurch und läuft laut kläffend auf uns zu. Die Panik steigt sofort in mir hoch und mit zitternden Händen greife ich nach der Trillerpfeife um meinen Hals. Aura und Marieke hingegen bleiben absolut souverän, rufen laut *„Basta!"*, heben Steine vom Boden, die sie drohend in die Luft halten und zeigen sehr deutlich, wer hier der Chef ist. Ich bin nicht sicher, ob der Hund meine Pfeife überhaupt noch hört, denn er zieht schnell ab. Als ich begreife, was hier gerade passiert ist, überkommt mich ein Gefühl der Dankbarkeit. Ich kann nicht glauben, dass der Hund gerade dann kam, als ich zusammen mit den Holländerinnen unterwegs war!! Ich liebe dieses Gefühl, beschützt zu sein, und fühle ganz intensiv, dass es eine Instanz gibt, die auf mich aufpasst und mir Aura und Marieke als Schutzengel zur Seite gestellt hat. Sie erzählen mir, dass sie beide selber Hunde haben und dass das nicht ihre erste Begegnung mit Hunden auf ihrer Wanderung war.

Wir laufen weiter und hängen unseren Gedanken nach. Nach einiger Zeit sagt Marieke: *„Christiane, wir machen jetzt eine Pause. Das machen wir alle zwei Stunden. Machst du mit?"* Ich spüre noch die harte Wanderung von gestern in den Knochen und den wenigen Schlaf und mache natürlich mit. Beeindruckt beobachte ich, wie die Beiden mit ihrer Pausenroutine beginnen, ihre Sitzkissen aus den Rucksäcken nehmen und auf dem Boden vor einer kleinen Mauer platzieren. Marieke holt eine Thermoskanne mit heißem Wasser heraus und Aura das Kaffeepulver. *„Aber vorher"*, sagt Aura, *„dehnen wir uns. Das ist wichtig für die Muskeln."* Ihr seid echt Profis, denke ich und dehne mit.

Nach der Pause laufen wir weiter und passieren das Latium-Schild. Wir verlassen damit die Toskana.

Andy: *Yeah, du bist ja schon so weit!! Toskana verlassen … Hab noch einen guten Weg!*

Nach gut 24 Kilometern haben wir das heutige Tagesziel Acquapendente erreicht. Die Holländerinnen zielen wieder eine Pilgerunterkunft an, mir hat meine gestrige Erfahrung gereicht. Ich habe mir im Vorfeld im Reiseführer ein Hotel ausgeguckt, dort möchte ich nach einem Zimmer fragen. Ich freue mich so sehr auf eine Dusche in meinem eigenen Bad, das ich nicht mit 10 anderen teilen muss. Wir machen im Zentrum zur Erinnerung ein Selfie von uns und verabschieden uns. Wir sehen uns bestimmt wieder. Die heutige Wanderung fühlte sich leichter an als die vorherigen. Es kostet Energie und Nerven, jede Wegentscheidung allein fällen zu müssen. In der Gruppe ist es einfacher, das muss ich zugeben.

Ich finde das Hotel schnell und zum Glück gibt es noch ein letztes freies Einzelzimmer! Es ist nicht luxuriös, aber es ist nur für mich. Ich gehe ins Bad und freue mich auf die Dusche und meinen täglichen Luxusmoment.

Ich: *Und es war ja klar. Mein einziger Luxus auf dieser Reise ist meine Rosen-Ringelblumen-Seife von Lush zum Haare waschen. Und wo habe ich meine Luxusseife vergessen?????? In der Pilgerherberge! Fantastico.*
Saskia: *Kann man dir die Seife evtl. nachschicken?*
Silvia: *Ahhhhhhh!!!*
Ich: *Grazie. Ich kaufe mir hier ein Shampoo.*

Nach der Dusche merke ich, wie hungrig ich bin. Mein Körper war immer noch so geschwächt von gestern, dass ich die gesamte Wanderung als anstrengend empfunden habe. Ich gehe runter ins Hotelrestaurant und studiere die Karte. Sofort springt mir *Pasta con ragu* ins Auge. Ich habe meinen Fleischkonsum nach meinem Ayurveda-Retreat letztes Jahr stark reduziert, aber mir läuft beim Lesen das Wasser im Mund zusammen. Ich bestelle es. Richtige Entscheidung, denn es ist köstlich und gibt mir genau die Energie, die ich jetzt brauche. Es ist schon erstaunlich, wie sich meine Essgewohnheiten hier in Italien an die Situation anpassen und wie gut mir das alles bekommt.

Nach dem Essen erkunde ich Acquapendente. Der Ortskern ist übersichtlich, es gibt einen zentralen Platz, von dem viele kleine Gassen abgehen. Nachdem ich neues Shampoo gekauft habe, besichtige ich die Kirchen. Ich finde in unmittelbarer Nähe vier. An einer sehe ich den Aushang für die heutige Abendmesse um 18:30 und beschließe, sie zu besuchen.

Die Messe ist auf Italienisch und ich verstehe kaum etwas. Offensichtlich ist aber, dass mich die Liturgie auf Italienisch berührt. Schon bei *Nel nome del padre, del figlio e dello spirito santo,* im Namen des Vaters, des Sohnes und des Heiligen Geistes, steigt in mir ein warmes Gefühl auf. Auch der Gesang auf Italienisch ist wunderschön. Es wird Halleluja gesungen und ich kann mitsingen. An der Messe nimmt auch die 92-jährige Pilgerin teil. Der Pastor stellt sie vor, erzählt ihre Geschichte, und alle klatschen voller Anerkennung und Begeisterung. Ein schöner Moment.

Nach der Messe finde ich kein ansprechendes Restaurant, daher gehe ich wieder ins Restaurant des Hotels. Da ich aber ein sehr gutes *Risotto con frutti di mare* esse, bin ich damit versöhnt. Ich spüre, dass mein Körper noch Yoga und Stretching braucht, um für morgen fit zu sein, und das soll er heute vor dem Schlafen noch haben.

Radicofani – Acquapendente: 23,6 km
Hotel: Il Borgo

EINE NACHT IM PALAZZO

Im Hotel gibt es ein gutes Frühstück, bei dem ich zwei weitere Pilger kennenlerne: Ein Ehepaar um die 50, offensichtlich geübte Wanderer, welche die Strecke in deutlich kürzerer Zeit laufen als ich. Sie schaffen um die 30 Kilometer pro Tag. Ich bin beeindruckt. Nachdem ich meinen Tee und zwei Croissants aufgegessen habe, verabschiede ich mich und laufe los.

Die Via Francigena führt nach einigen hundert Metern durch den Ortskern von Acquapendente auf einen ruhigen Feldweg hinaus. Und wer ist da, hundert Meter vor mir? Die Holländerinnen. Die hören meine Stöcke auf dem Asphalt klappern, drehen sich um und bleiben stehen, um auf mich zu warten. Witzig, wir haben uns gestern nicht verabredet, haben keine Uhrzeit genannt, wann wir loslaufen wollen, und dennoch treffen uns hier. Wir laufen zusammen weiter. Heute ist der Pilgerweg regelrecht belebt. Wir treffen unterwegs auf drei russische Männer, bei der Kaffeepause auf das Ehepaar, das ich beim Frühstück kennengelernt habe, und sehen hinterher zwei junge Frauen, die die Holländerinnen schon kennen. Das Wetter ist heute Vormittag trüb und bedeckt, und das ist auch meine Stimmung, als uns der Weg sieben Kilometer an einer befahrenen Straße entlangführt. Da wir hintereinanderher gehen müssen, können wir uns nicht unterhalten. Eine schöne Landschaft gibt es hier auch nicht zu sehen und durch die Monotonie fühlt sich das Laufen doppelt anstrengend an.

Nachdem wir dieses Stück hinter uns gelassen haben, geht es weiter in Richtung Lago di Bolsena. Hier belohnt uns der Weg mit malerischen Ausblicken, wunderschöne Wiesen sind von tausenden Blumen geziert. Auch der Himmel reißt auf und die Sonne kommt heraus. Die Schönheit der Natur schenkt uns dreien sofort mehr Leichtigkeit. Wir witzeln und machen Fotos. Ich muss lachen, als ich mich auf einem der Fotos sehe. Auf einer Attraktivitätsskala von 1 bis 10 würde ich mir heute eine 3 geben. Heute ist Brillentag. Ich bin sehr kurzsichtig, mit minus 10 Dioptrien im Grunde ein Maulwurf. Früher habe ich nur Kontaktlinsen getragen, aber der Arzt hat mir geraten, häufiger die Brille aufzusetzen. Das mache ich hier auch, ungefähr jeden zweiten Tag. Durch die starken Gläser verleiht mir die Brille einen nerdigen Look, der es zusammen mit meinem funktionalen Wanderoutfit, der Cap und den Stöcken heute maximal auf eine Drei schafft.

Ich schicke das Foto von mir an Silvia und Saskia.

Ich: *Heißer Look, oder? Damit ist mir der Römer mit skandinavischen Wurzeln quasi sicher.*

Silvia: *Oh ja!! … Der ist dir gesichert und von ganzem Herzen gegönnt!!!*

Wir kommen dem majestätisch daliegenden See immer näher und erreichen nach einigen hundert Metern den historischen Ortskern von Bolsena. Die Holländerinnen checken wieder in der Pilgerunterkunft ein; ich habe mir gestern schon über Booking ein schönes Hotel gebucht. Wir verabschieden uns. Diesmal aber nicht, ohne Nummern auszutauschen und uns für abends zum Essen zu verabreden.

Ich lasse mir bei Booking die genaue Adresse des Hotels anzeigen und folge der Beschreibung. Als ich in einer kleinen Sackgasse vor einer verschlossenen Tür stehe, bin ich verwirrt. Hier hängt zwar der Name des B&B als Werbebanner über der Tür, aber nach einem Hoteleingang sieht das nicht aus. Also rufe ich die angegebene Telefonnummer an und höre eine junge Männerstimme *Pronto* sagen. Ich erkläre, dass ich ein Zimmer gebucht habe, aber den Eingang nicht finde. Wie sich herausstellt, stehe ich tatsächlich vor der falschen Tür. Die freundliche Stimme lotst mich zurück auf die kleine Piazza, von der ich gekommen bin und auf der mir ein junger, attraktiver Italiener mit Handy am Ohr entgegenläuft. Wow, er bekommt eine glatte 10! Wir begrüßen uns und er zeigt auf die große, wunderschöne Eingangstür eines Palazzos, die ebenso wenig nach einem Hoteleingang aussieht. Wir gehen hinein in eine imposante Eingangshalle, von der eine breite, majestätische Treppe zum Empfangsbereich des Hotels im ersten Stock hinaufführt. Es läuft klassische Musik. Der attraktive Italiener stellt sich mir als Francesco vor und erzählt, dass der Palazzo seiner Familie gehört und aus dem 16. Jahrhundert stammt. Mit großen Augen sehe ich mich um. Diese hohen Decken, diese Räume, die Dekoration – was für ein magischer Ort. Während Francesco mich mit organisatorischen Infos rund um meinen Hotelaufenthalt versorgt, amüsiere ich mich innerlich über die Absurdität dieser Situation, in der ich schwitzend an diesem atemberaubend schönen Ort vor diesem Adonis stehe. Er beendet meinen Gedankenausflug, indem er mir andeutet, mir mein Zimmer zeigen zu wollen. Ich folge ihm und finde mich kurz danach in einem geschmackvoll eingerichteten Raum wieder - mit Kingsize-Bett!!! Heute ist mein Glückstag! Was für ein Abenteuer, jeden Tag eine neue Unterkunft entdecken zu können. Nach einer Woche der wechselnden Hotels fällt mir auf, dass ich das tatsächlich genieße und dass ich - anders, als am ersten Tag in Siena - gar kein komisches Gefühl mehr dabei verspüre. Aber jetzt will ich nur noch eines: duschen.

Nachdem ich auch meine Wandersachen gewaschen habe, setze ich mich auf mein Kingsize-Bett und fange an, mich zu dehnen. Da zeigt mein Handy eine Nachricht. Von? Francesco!! Er schreibt mir, dass er die zweite Ebene des Palazzos jetzt geöffnet hat, falls ich sie mir ansehen möchte. Wie aufmerksam, denke ich. Er hatte erzählt, dass sie die Räume hergerichtet haben und sie abends für die Gäste zugänglich sind. Schaue ich mir später an.

Nach dem Dehnen rufe ich meine Mutter an und gratuliere ihr zum Geburtstag. Sie wird heute 66 Jahre alt. *Buon compleanno,* herzlichen Glückwunsch! Meine Mutter scheint nicht gut gelaunt zu sein. Ich erzähle ein bisschen von der Wanderung, als sie auf einmal fragt: *„Hilft es denn?"* Ähh, wobei sollte es denn helfen, denke ich und weiß nicht, was ich darauf antworten soll. Diese Rückfrage stelle ich mir natürlich nur im Kopf. Ich sage ihr nicht, wie ich mich wirklich fühle und was ihre Frage in mir auslöst. Die Siebenjährige in mir glaubt anscheinend immer noch, ich könnte ihr meine Gefühle nicht zumuten. Stattdessen antworte ich nur kurz: *„Ja, es tut mir gut, die Natur ist wunderschön."* Meine Mutter beendet dieses Thema mit *„Na dann".* Warum klingt das irgendwie nicht so richtig wohlwollend? Und dann kommt es wieder hoch, das vertraute Schuldgefühl. Das Gefühl, das Glück der Reise nicht verdient zu haben. Und auf keinen Fall mehr Glück als meine Mutter. Und wenn sie nun an ihrem Geburtstag nicht gut drauf ist, kann ich es auch nicht sein. Oder doch? Vielleicht ist sie auch traurig, weil ich heute nicht da bin. Vielleicht ist sie müde davon, ihren Gästen zu erklären, was denn mit ihrer Tochter los ist, die gerade alleine durch Italien pilgert. Wie tief diese Reise wirklich geht, wie sehr ich spüre, dass ich meine Oma noch vermisse, erzähle ich ihr nicht. Wir reden stattdessen noch ein paar Minuten über belangloses

Zeug. Dann verabschiede ich mich – wie so oft nach einem Telefonat mit meiner Mutter mit einem komischen Gefühl. So, als ginge ich bei unseren Gesprächen irgendwie leer aus. Leer an Ermutigung, Stärkung und Selbstvertrauen. Manchmal fühlt es sich so an, als hätte ich einen Teil meiner Mutter schon verloren, als hätte ich sie nie wirklich gehabt, die bedingungslose mütterliche Liebe, das Gefühl, genauso richtig und geliebt zu sein, wie ich bin. Frei zu sein in meinen Entscheidungen, meinen Gefühlen und Meinungen. Und in meinem Glück. Meinem individuellen, ganz eigenen Glück. Das mir gehört. Mir zusteht. Das ich nicht teilen muss. Für das ich nichts machen muss. Nur sein. Atmen. Genießen. Wahrnehmen. Aufsaugen. Während ich das denke, fühle ich mich schuldig. Natürlich. Woher soll meine Mutter das geben können? Konnte meine Oma ihr dieses Gefühl geben? Hat sie es jemals von ihrer Mutter, meiner Urgroßmutter, bekommen? Kann ich das überhaupt? Wo fing das bei uns in der Familie an? Wann hört das auf? Wann fängt ein neuer Zyklus an? Bin ich hier, um ihn zu durchbrechen? Aber wie soll ich die Leere füllen? Woher soll ich die Liebe nehmen? Die Person, von der ich mich bedingungslos geliebt fühlte, war meine Oma. Und die ist tot. Und dann kommt da wieder das eklige schlechte Gewissen, das mich für so schrecklich undankbar hält. Meine Mutter hat alles für mich getan. Mich unterstützt, mich dreimal die Woche zum Tanzunterricht gefahren. Schön, pfeift abschätzig eine andere Stimme in mir, dafür hat sie dich auch stundenlang vor der Tanzschule warten lassen. Ja, sie hat ja auch noch zwei andere Kinder und einen Job und einen Haushalt, die alle bekümmert und organisiert werden wollten. Die Sache ist schwierig. Uneindeutig. Am anderen Ende von Schuld steht Verantwortung. Wie kann ich Verantwortung für die Beziehung zu meiner Mutter übernehmen? Mir kommt ein Satz für mein persönliches Gebet in den Kopf:

Bitte lass mich meine Mutter und meinen Vater
so annehmen, wie sie sind.

Es ist mittlerweile Nachmittag und ich gehe in den Supermarkt. Wegzehrung kaufen. Ich habe bei den Holländerinnen heute Vollkorn-Toastbrot probiert. Schmeckt super. Das möchte ich auch haben. Danach laufe ich weiter durch die süßen kleinen Gassen von Bolsena in Richtung der Basilika Santa Cristina. Aus einem Saal neben der Kirche höre ich Musik. Ich gehe hinein und sehe eine italienische Band spielen. Die Musik ist lebendig und gefällt mir. Ich schicke den Holländerinnen ein Video, und kurze Zeit später kommen sie dazu.

Nach dem kleinen Konzert schauen wir uns gemeinsam die Basilika Santa Cristina an und ich höre zum ersten Mal vom Wunder von Bolsena. Demnach brach ein böhmischer Priester im 13. Jahrhundert während der heiligen Messe eine Hostie, aus der Blut tropfte. Dies sah die Kirche als Symbol für die während der Eucharistie gefeierte Umwandlung der Hostie in den Leib Christi an, und Papst Urban IV. führte daraufhin das Fronleichnamsfest ein. Wir erfahren außerdem, dass das Fest der Heiligen Cristina, deren Reliquien in Bolsena gefunden wurden und die als Märtyrerin verehrt wird, jedes Jahr am 24. Juli mit einer Parade durch den Ort gefeiert wird. Ach was. Jetzt weiß ich auch, wer meine Namenspatronin ist, am 24. Juli habe ich nämlich Namenstag. Zum Abschluss

57

dieses besonderen Kirchenbesuchs kaufe ich mir in dem Souvenir-
laden noch einen Anhänger für meinen Rucksack: eine geschnitzte
Hand aus Holz, welche die schützende Hand Jesu symbolisieren
soll.

Nach dem Besuch der Basilika schlendern wir zurück zum Ortskern und machen uns auf die Suche nach einem Restaurant für's
Abendessen. Dabei treffen wir auf die drei italienischen Pilger, die
ich in der Pilgerunterkunft vor zwei Tagen kennengelernt habe.
Als Giovanni mich sieht, kommt er freudestrahlend auf mich zu,
küsst mich rechts und links auf die Wange und sagt: *„Christiane,
ich bin so froh, dass wir uns sehen!!"* Was ist das heute nur für ein
Tag? Auf einmal erfahre ich wieder so viel Liebe! So viel Glück!
Wir verabschieden uns wieder und Aura, Marieke und ich lassen
uns in einer Pizzeria nieder. Die Holländerinnen erzählen mir, dass
sie vor dem Essen gerne einen Prosecco als Aperitif trinken. Eine
weitere Angewohnheit, die mir an ihnen gefällt. Wir stoßen also an
und genießen ein leckeres Abendessen. Es ist bemerkenswert. Wir
kennen uns jetzt erst seit drei Tagen, zwei Wanderungen haben wir
gemeinsam gemacht. Und schon ist da so eine Vertrautheit und
Ungezwungenheit. Nach dem Essen sind wir müde und verabschieden uns. Diesmal aber nicht, ohne einen Starttermin für den
nächsten Morgen auszumachen. Wir wollen das Treffen diesmal
nicht dem Zufall überlassen.

Ich laufe zurück zum Palazzo und freue mich darauf, noch etwas Zeit in einem der mondän eingerichteten Wohnzimmer mit
WLAN verbringen zu können. Ich schreibe Tagebuch und chatte
mit meinen Freunden, als Francesco plötzlich um die Ecke kommt.
Er setzt sich zu mir und fragt mich, warum ich die Wanderung mache, und warum alleine? Ich erzähle ihm von meiner Begeisterung
für Rom und davon, dass es mir gefiel, einen ungewöhnlichen Weg

dorthin zu gehen. Ich erfahre von ihm, dass er in Rom studiert, und wir tauschen uns über die besten Stadtteile aus. Da ich noch keine Unterkunft für Rom gebucht habe, frage ich ihn nach einem Tipp und sofort ruft er einen Freund an, der dort ein Airbnb betreibt. Leider belegt, aber einen Versuch war es wert. Dann steht Francesco auf und sagt: *„Christiane, ich wünschte, ich könnte die ganze Nacht mit dir weiterreden, aber ich muss jetzt los." Certo.* Natürlich. Ich schmelze dahin. Dieser italienische Charme! Wir verabschieden uns, wünschen uns alles Gute, *bon camino*, etc., er verlässt das Hotel und ich gehe schlafen. Was für ein Tag! Sicherlich schlafe ich himmlisch in meinem wunderschönen Kingsize-Bett. *Buona notte.*

Acquapendente – Bolsena: 22,6 km
Hotel: Il VesConte - Palazzo Cozza Caposavi

BITTE DIE CARABINIERI RUFEN!

Ich habe fürchterlich geschlafen. Habe von meiner Mutter und meinem Bruder geträumt, die mich hier in Italien überrascht haben. Ich weiß nicht mehr warum, aber es gab Streit. Das führte dazu, dass ich im Traum zu spät war, um mich mit den Dutch Ladys zu treffen, und das stresste mich. Vermutlich habe ich das Telefonat von gestern verarbeitet.

Pünktlich um 07:00 Uhr bin ich in der vereinbarten Bar, die Holländerinnen sind schon da. Ich bestelle einen Tee und ein Croissant, wie fast jeden Morgen. Meine Weizenunverträglichkeit hat sich hier in Italien scheinbar in Luft aufgelöst. Heute geht es ins 17 Kilometer entfernte Montefiascone, es liegt also eine überschaubare Strecke vor uns. Nach der schönen Erfahrung im Palazzo habe ich gestern schon ein Hotel für diese Nacht gebucht.

Wir verlieren beim Frühstücken nicht viel Zeit und laufen los. Raus aus dem beschaulichen Bolsena. Den See haben wir nun im Rücken. Ich drehe mich immer wieder um und schaue zurück, bis der See irgendwann nicht mehr zu sehen ist.

Die Gespräche mit den Holländerinnen waren in den letzten Tagen sehr lebendig. Wir hatten uns viel zu erzählen und ich habe gerne zugehört, wenn sie von ihren Erlebnissen auf der Via Francigena erzählt haben. Heute ist das anders. Heute ist mir absolut nicht nach Reden zumute. Merkwürdig, es gäbe noch so viel von gestern Abend zu berichten.

Aber ich bin nicht gut drauf. Keine Ahnung warum. Ich habe weder Schmerzen noch nennenswerte Beschwerden. Ich will nur einfach nicht mehr laufen. Keinen Schritt mehr. Ich bin müde und lustlos. Das Wetter hilft auch nicht, es ist grau und trist, zwischendurch regnet es. Vielleicht ist meine Energie im schönen Palazzo geblieben. Wären die Holländerinnen nicht bei mir, ich schwöre, ich würde weinend stehen bleiben, die Carabinieri anrufen und sie bitten, mich abzuholen. Dabei weiß ich nicht, was mich mehr erschöpft: die körperliche Anstrengung oder die verurteilende Stimme in meinem Kopf, die das nicht hinnehmen will. Aura und Marieke spüren, dass mit mir etwas nicht stimmt. Sie geben mir genau das, was ich mir gerade nicht geben kann: Verständnis. Verständnis für meinen Körper, für das Gefühl der Erschöpfung und der Hilflosigkeit. Und Mitgefühl. Sie kennen diese Tage aus ihren Erfahrungen der letzten drei Monate und erklären mir, dass sie dazugehören, dass ich mich auf jeden einzelnen Schritt konzentrieren soll und es nicht mehr lange hin ist bis zur Pause. Sie sind die positive Stimme, die ich in mir gerade nicht finden kann.

Mitten im Wald stoßen wir auf einen Rastplatz mit Bänken und Tischen und ruhen uns aus. Wir essen Vollkorntoast, ich nehme sogar ein Stück Käse, das Marieke mir anbietet - heute ignoriere ich auch meine Laktose-Unverträglichkeit - und wir entspannen. Die Pause tut gut. Dennoch erscheinen mir die restlichen neun Kilometer, die bis Montefiascone noch vor uns liegen, unerreichbar.

Ich rede nach der Pause gar nicht mehr, versuche meinen Rhythmus schnell wiederzufinden und nicht darüber nachzudenken, was noch vor uns liegt. Ich wünsche mir einfach nur anzukommen. Heute in Montefiascone, in einer Woche in Rom. Wie wird es sich anfühlen, den Petersdom das erste Mal zu sehen und in Rom zu sein? Ich habe in meinem Reiseführer gelesen, dass der Papst einmal die Woche eine Audienz im kleinen Kreis für Pilger hält. Den Papst treffen. Sofort sehe ich vor meinem geistigen Auge, wie der

Papst mich und weitere Pilger im Vatikan empfängt. Es fühlt sich an, als könnte ich dadurch Gott, dem Heiligen Vater, näherkommen. Dem Vater aller Väter. Besonders nah bin ich meinem eigenen Vater gerade nicht. Obwohl ich unter meinen Geschwistern noch die engste Beziehung zu ihm habe, kennen wir uns nicht besonders gut. Manchmal fühlt es sich sogar so an, als wären wir uns fremd. Ich war elf, als sich meine Eltern trennten. Danach habe ich ihn nur noch einmal die Woche gesehen, an meinem Alltag nahm er nicht teil. So sehr er sich auch für die Fußballspiele meines Bruders begeistern konnte, so wenig interessierten ihn meine Ballettstunden. Kein Wunder, denke ich, dass ich mich nach väterlicher Energie sehne. Die Beziehung zu meinen Eltern scheint mir genauso ambivalent zu sein wie die zum katholischen Glauben. In beide bin ich hineingeboren. Beide habe ich mir nicht ausgesucht. Und beide sind für mich Quelle größter Liebe und größter Verzweiflung.

Endlich passieren wir die Ortsgrenze von Montefiascone. Bevor wir am Ziel im Ortszentrum ankommen, liegt noch eine lange Straße mit einer Steigung vor uns, die es in sich hat. Es regnet mittlerweile in Strömen und die Straße zieht sich hin. Wir stoppen deshalb in einer Bar, um etwas zu trinken. Ich bin froh. Die Bar sieht, wie die meisten Bars hier, für deutsche Verhältnisse eher heruntergekommen und geschmacklos aus. Die Holländerinnen scheinen sich an den Stil gewöhnt zu haben und sind ganz angetan. Sie meinen, es wäre ein guter Platz, um einen Salat zu bestellen. Nicht ganz davon überzeugt, dass das eine gute Idee ist, aber hungrig, bestelle ich auch einen.

Ich schaue auf mein Handy und sehe eine Nachricht von Francesco. *Awww*. Er wünscht mir eine gute Wanderung und alles Gute. Ich antworte ihm und bedanke mich für seine Gastfreundlichkeit und seine Tipps. Er schreibt direkt zurück, ganz offensichtlich flirtet er mit mir. Ich muss schmunzeln. Dann bringt der Kellner den Salat. Und er schmeckt! Sogar richtig gut. Die Dutch Ladys, sie wissen halt, wie's läuft.

Und mein Reiseführer weiß, wie ich der Papstaudienz näherkomme, nämlich indem ich eine E-Mail an das deutsche Pilgerzentrum in Rom schreibe und mich für die Audienz anmelde. Ich bespreche mich mit den Holländerinnen, die den Papst auch sehen wollen, und schreibe nach dem Essen die E-Mail.

Mein Hotel ist sehr modern eingerichtet, mein Zimmer ist groß und ich habe sogar ein Doppelbett. Ich könnte direkt schlafen gehen, aber erst einmal duschen, Klamotten waschen und essen. Der Salat war ein netter Appetizer, hat mich aber nicht wirklich satt gemacht. Es ist mir ein Rätsel, wie Menschen mittags nur mit einem Salat glücklich werden können. Ich brauche dringend Kohlenhydrate und mache mich auf die Suche nach einem guten italienischen Restaurant. Ich laufe die Hauptstraße herunter und finde nach circa 300 Metern in einer Straßenecke die *Trattoria da Pancino*. Heute gibt es *Spaghetti al pomodore*. Sehr lecker. Da es draußen gerade in Strömen regnet und ich hier ohnehin nicht wegkomme, bestelle ich noch ein Tiramisu. Als der Regen weniger wird, bezahle ich und laufe zurück zum Hotel. Heute gönne ich mir einen langen Mittagsschlaf.

Bevor ich die Holländerinnen zum Aperitif in einer Bar neben meinem Hotel und zum Abendessen treffe, besuche ich noch die Kirche vor Ort. Ich habe das Bedürfnis, mich zu bedanken – für den Tag und die Unterstützung durch die Dutch Ladys. Ich weiß nicht, wie ich die Wanderung ohne sie geschafft hätte. Mehr als die Hälfte der Strecke liegt jetzt schon hinter mir. In Montefiascone beginnen die letzten 100 Kilometer der Via Francigena und damit der offizielle Teil, bei dem jeder Stempel zählt. Wer ab hier bis Rom in jedem

Ort einen Pilgerstempel sammelt, erhält am Petersdom die offizielle Pilgerurkunde. Und das ist das Ziel. Und dann den Papst treffen.

Bolsena – Montefiascone: 17,2 km
Hotel: Palazzo Frigo

Viterbo

SCHAU MIR IN DIE AUGEN

Ausgeruht und fit treffe ich Aura und Marieke wieder zum Frühstück. Heute geht es nach Viterbo, laut meinem Wanderführer eine
schöne mittelalterliche Stadt. Die Tour bemisst sich auf 20 Kilometer. Ich habe gestern schon ein B&B mitten im Zentrum angefragt,
das schön und preisgünstig ist. Ich erzähle den Dutch Ladys davon
und sie bitten mich, für sie auch ein Zimmer zu reservieren. Mache
ich. Und dann wollen wir starten. Wir stehen am Hauptplatz und
versuchen herauszufinden, in welche Richtung wir gehen müssen,
ich mit meiner App und Aura mit ihrem GPS-Navigator. Ein Schild
sehen wir hier nicht. Dieses Mal geben unsere Navigationshilfen
unterschiedliche Richtungen vor. Meine App zeigt den Weg in
Richtung Norden am Ortsrand vorbei an, Auras GPS-Navigator
schlägt die Route Richtung Süden durch den Ort vor. Und jetzt? So
richtig möchte keiner von seiner Route abweichen. Aura und Marieke wollen in keinem Fall Zeit verschwenden und einen Umweg
gehen. Das verstehe ich, spüre aber, wie mich der Weg Richtung
Norden anzieht: Er führt durch ein wunderschönes Stadttor, das
ich schon von hier aus erkennen kann. Ich erkläre den beiden, dass
ich den Weg, den meine App vorschlägt, gerne ausprobieren
möchte und wir uns einfach auf einem weiteren Teil der Strecke
oder in Viterbo wieder treffen können. Die Ladys sind damit ein-
verstanden und wir laufen in unterschiedliche Richtungen los.
Auch wenn es jetzt wieder heißt, erst einmal auf mich alleine gestellt zu sein, bin ich froh über meine Entscheidung.

Der Blick, der mich hinter dem Stadttor erwartet, ist phänomenal. Man kann von hier den Bolsenasee sehen. Wunderschön. Dafür hat sich mein Alleingang schon gelohnt. Die Wanderung zeigt mir, wie wichtig die Natur für mich ist und wie viel Kraft sie mir gibt.

VORSATZ: Zuhause in Köln mehr Zeit in der Natur verbringen und öfter an den Rhein gehen oder in den Stadtwald fahren.

Ich laufe westlich am Stadtrand entlang und es dauert genau 300 Meter, bis ich mich verlaufe. Die Straßen hier stimmen irgendwie nicht mit dem Plan in meiner App überein. Oder ich habe eine Abzweigung übersehen. Auf jeden Fall kommt mir der Weg komisch vor. Als ich auf einem Parkplatz anhalte, um mich zu orientieren, wird ein älterer Herr auf mich aufmerksam. Er kommt auf mich zu und fragt, ob er mir helfen könne. Ich erzähle ihm, dass ich die Via Francigena laufe und scheinbar gerade nicht den richtigen Weg finde. Daraufhin zeigt er auf sein Auto und bietet mir an, mich nach Viterbo zu fahren. Das ist sehr nett, aber diesmal steige ich nicht ein, lehne dankend ab und suche weiter nach dem Weg. Ich schaffe es schließlich zurück auf die Hauptstraße und sehe endlich die ersten Schilder der Via Francigena. Aus dem Ortskern heraus leitet mich der Weg ein kleines Stück über die alte Via Appia. Der Weg ist beschaulich und führt nach einigen hundert Metern in ein Waldstück hinein. Da sehe ich circa 200 Meter vor mir den Engländer und die Französin. Da sie langsamer gehen als ich, hole ich sie ein. Wir begrüßen uns, wechseln ein paar Worte und dann ziehe ich weiter. Durch den Regen der letzten Tage ist der Weg sehr matschig, immer wieder muss ich die Wegseite wechseln.

Dann geht es hinaus aus dem Wald in die Felder. Nach einigen hundert Metern stehe ich vor einer Wegkreuzung. Mir ist nicht klar, wo die Via Francigena verläuft. Jetzt wünschte ich mir die Holländerinnen herbei. Ich checke die App, der Plan passt aber nicht zu den beiden Abzweigungen, die ich hier vor mir sehe. Kurz überlege ich, ob ich auf den Engländer und die Französin warten soll, entscheide mich dann aber für den linken Weg. Und wen sehe ich bald darauf einige hundert Meter entfernt? Natürlich, Aura und Marieke!!! Wie schön! Wir freuen uns alle drei, uns wiederzusehen, und laufen zusammen weiter.

Der Weg wird zunehmend beschwerlicher. Die Büsche und Gräser, die am Wegrand wachsen, werden immer dichter und wir kommen kaum durch. Zum Glück habe ich meine Stöcke, mit denen ich die Gräser wegdrücken kann. So kämpfen wir uns einige hundert Meter durch, bevor wir wieder auf einen asphaltierten Weg gelangen und das Laufen einfacher wird. Die Stimmung ist gut und wir plaudern munter. Wir finden einen netten Pausenplatz mit Bänken und ruhen uns aus. Danach laufen wir weiter und passieren schließlich die Stadtgrenzen von Viterbo. Nach den vielen kleinen Örtchen, durch die uns der Weg die letzten Tage geführt hat, erwarten uns in Viterbo mit knapp 70.000 Einwohnern deutlich mehr Verkehr und belebtere Straßen. Diese laufen wir entlang, bis wir uns schließlich im Altstadtkern befinden. Wir halten an einem schönen Platz und setzen uns draußen in ein Eiscafé. Die Tour des Tages geschafft zu haben ist immer wieder ein kleiner Sieg, der mich stolz macht. Dieses Gefühl motiviert mich jeden Tag, loszulaufen. Natürlich geht es auch darum, in Rom anzukommen, aber die Zwischenziele zu erreichen, macht auch schon etwas mit mir. Da es uns allen so geht, sind wir gut gelaunt und genießen unseren Kaffee.

Dann machen wir uns auf, unsere heutige Unterkunft zu finden. Wir irren durch einige Altstadtgassen, bis wir in der *Via Ortaccio* ankommen. Uns begrüßen eine freundliche ältere Italienerin und ihr Sohn Matteo, der in etwa mein Alter ist, vielleicht etwas jünger. Mit ihm habe ich die Zimmerreservierung via E-Mail abgeklärt. Unsere Räume sind im chinesischen Stil eingerichtet. Eine angenehme Abwechslung. Der chinesische Einfluss kommt durch Matteo, der zehn Jahre in China gelebt und traditionelle chinesische Medizin studiert hat. Die beiden sind sehr aufmerksam. Sie setzen sich mit uns in die Küche, holen eine Karte heraus und erklären uns alles Wissenswerte über Viterbo und unsere morgige Route auf der Via Francigena. Es ist schön zu sehen, wie liebevoll die beiden miteinander umgehen. Matteo ist groß, dunkelhaarig und trägt einen langen Bart. Er hat etwas Starkes und gleichzeitig Warmherziges. Zumindest sehe ich das in seinen Augen. Er hat braune, wahnsinnig schöne Augen.

Aura und Marieke wollen sich ausruhen, ich brauche Pasta und gehe in das Restaurant, das mir Matteo empfohlen hat. Es ist schon halb drei und ich verhungere.

Nach einer langen Dusche gehe ich los, Viterbo zu erkunden, laufe durch die mittelalterlichen Gassen, vorbei an einladenden Cafés und Restaurants bis zum *Palazzo dei Papi di Viterbo*. Hier befand sich im 13. Jahrhundert die Papstresidenz. Bekannt ist der Platz für das bislang längste Konklave, das hier stattgefunden und insgesamt 1.005 Tage gedauert hat. Erst, nachdem man die Kardinäle eingeschlossen hatte und nur noch mit Wasser und Brot versorgte, trafen sie eine Wahl und Papst Gregor X. wurde gekrönt. Heute residiert hier der Bischof von Viterbo. Der Platz mit dem Palazzo und der Kirche ist beeindruckend, doch es fängt wieder an zu regnen, also laufe ich weiter. Es ist auch schon wieder Zeit für Prosecco und Dinner mit den Dutch Ladys.

Den Prosecco trinken wir in einer Bar und zum Essen gehen wir in das gleiche Restaurant, in dem ich heute Mittag schon gewesen bin. Die Stimmung ist ausgelassen. Vier Etappen sind wir nun schon zusammengelaufen, haben dabei belanglose ebenso wie tiefe Gespräche geführt und viel gelacht. Vermutlich sind wir uns auch deshalb so schnell so vertraut geworden. Ich mag die beiden und laufe gerne mit ihnen. Die Erfahrung heute hat mir nur gezeigt, dass ich den Weg intensiver wahrnehme, wenn ich alleine unterwegs bin. Tatsächlich ist die Verbundenheit zu meiner Oma, die ich zu Beginn der Wanderung gespürt habe, in den Hintergrund gerückt und ich vermisse sie. Vielleicht wäre es besser, wenn ich tagsüber wieder alleine laufe und wir uns abends zum Prosecco treffen? Den Gedanken trage ich schon den ganzen Tag mit mir herum. Ich möchte gerne eine der letzten fünf Wanderungen meiner Oma widmen, möchte einen Tag nur für sie laufen und intensiv an sie denken. Morgen werde ich diesen Plan mit den Holländerinnen besprechen.

Montefiaskone-Viterbo: 20,1 km
B&B Orchard

DREIERZIMMER

Ich stehe früh auf, gehe in die Küche und treffe dort auf Matteo, der dabei ist, das Frühstück für uns vorzubereiten. Es gibt verschiedene Brotsorten, Marmeladen und italienisches Gebäck; alles sieht zum Anbeißen aus. Wir unterhalten uns über die Via Francigena, was sie bedeutet, warum ich sie laufe, als die Holländerinnen dazustoßen und wir gemeinsam weiterplaudern.

Gestärkt machen wir uns zur heutigen Etappe auf. Es geht nach Vetralla und diesmal folge ich der Übernachtungsempfehlung der Holländerinnen. Sie haben mir erzählt, dass es in Vetralla ein Kloster gibt, das Pilgern für wenig Geld Zimmer und Essen zur Verfügung stellt. Die Erfahrung, im Kloster zu schlafen, stelle ich mir besonders vor. Ich bin gespannt.

Wir laufen aus Viterbo raus und folgen der Empfehlung von Matteo und seiner Mutter, den alten, ursprünglichen Weg der Via Francigena zu nehmen. Wir finden ihn problemlos. Es ist ein asphaltierter, kurviger Weg, umgeben von alten, wunderschönen Bäumen. Es regnet mittlerweile in Strömen und wir müssen unsere Regencapes überziehen. Hinreißend, wie wir wieder aussehen.

Die Strecke ist heute mit 17 Kilometern eine der kürzesten und das hilft, das schlechte Wetter zu ertragen. Ursprünglich sah mein Reiseplan eine andere Route und keinen Stopp in Vetralla vor. Die Dutch Ladys haben mich aber davon überzeugt, besser an zwei Tagen zwei kürzere Etappen zu gehen und dafür diese Woche auf meinen Pausentag zu verzichten.

Wir laufen größtenteils Feldwege und erreichen zügig Vetralla. Dort angekommen setzen wir uns in eine Bar und stärken uns mit Sandwichs. Ich checke meine E-Mails und stelle aufgeregt fest, dass ich eine Antwort vom deutschen Pilgerzentrum in Rom bekommen habe! Der Leiter des Zentrums schreibt, er sei zuversichtlich, uns Zugang zur Papstaudienz verschaffen zu können, versprechen könne er aber nichts. Die Audienzen fänden immer mittwochs statt und ich müsse die Tickets am Dienstag davor im deutschen Pilgerzentrum in der *Via del Banco di Santo Spirito* unter Vorlage der Pilgerurkunde abholen. Da Aura und Marieke bereits Dienstagmorgen aus Rom abreisen, müssen sie leider passen. Sie freuen sich aber, dass es bei mir klappen könnte. Wir machen uns auf zum Kloster, das drei Kilometer außerhalb von Vetralla liegt.

Begrüßt werden wir im Kloster von einer fröhlichen, dunkelhäutigen Nonne, die sich uns als Maria vorstellt. Sie erklärt uns die Regeln des Klosters und fragt, ob wir ein Dreibettzimmer haben wollen. „Ja", rufen die Holländerinnen quasi im Chor. Eigentlich hätte ich gerne ein Zimmer für mich, aber da die beiden so euphorisch sind, sage ich nichts. Also ja, ein Dreibettzimmer bitte.

Das Zimmer befindet sich im ersten Stock. Es ist klein, aber dafür sauber, auch das Bad. Das belagern wir nacheinander, um zu duschen. Ich darf als Erste rein und dusche aus Rücksicht auf die anderen nur kurz. Dann gehe ich auf den Flur, lehne mich aus dem Fenster, um den Vorplatz des Klosters zu sehen, und wer kommt da? Giovanni, der italienische Pilger mit seinen beiden Freunden! Witzig. Hier treffen wir uns also wieder. Seit dem Abend in Bolsena haben wir uns nicht mehr gesehen.

Den Nachmittag verbringen wir im Klostergarten. Das Wetter hat sich aufgehellt und wir besprechen den Plan für die nächsten Tage. Eigentlich sah der vor, dass ich wieder alleine laufe. Das hatte ich auf dem Weg heute auch mit den Dutch Ladys besprochen und sie konnten mich verstehen. Als wir aber hier im Kloster ankamen, sahen wir einen Aushang der Polizei, wonach eine allein reisende Pilgerin auf der Strecke zwischen Vetralla und Sutri von einem Mann belästigt wurde. Es ist nichts Ernstes passiert, die Empfehlung der Polizei lautet aber, nicht alleine zu laufen. Ok, das heißt Planänderung. Vor dem Hintergrund fühlt es sich nicht mehr gut an, alleine weiterzulaufen. Die Holländerinnen sehen das auch so und wir beschließen, die restlichen drei Touren weiter gemeinsam zu gehen. Anscheinend sind die beiden wirklich so etwas wie meine Schutzengel, die mir der liebe Gott geschickt hat, damit sie auf mich aufpassen.

Damit ich dennoch eine Wanderung in Gedenken an meine Oma Christine machen kann, bespreche ich mit den beiden, dass ich die morgige Tour in Stille laufen möchte. Auch dafür haben sie Verständnis, und mehr noch: Sie sagen, sie werden auch an meine Oma denken. Wow, wie lieb ist das denn!?

Ich: *Hi Liebes, liebe Grüße aus Vetralla!! Morgen werde ich für meine Oma laufen und während des Walks still sein. Aura und Marieke unterstützen mich dabei und werden währenddessen auch an meine Oma denken. Süß, oder? Ich drück dich feste.*

Andy: *Meine Liebe, die Abmachung ist doch super! Ich bin sicher, dass euch dreien das alleine gemeinsam Wandern gut gelingt! Ich denke dann morgen auch an deine Oma – während ich spaziere.*
Und an ihre Lieblingsfarbe blau. Werde versuchen, bewusst etwas Blaues zu tragen.

Ich: *Dass du das noch weißt!! Du bist unglaublich!!*

Vor dem Abendessen erzähle ich Aura und Marieke von Andys Nachricht. Ich bin so gerührt, dass sie sich an die Lieblingsfarbe meiner Oma erinnert - ich weiß gar nicht, wann ich ihr das mal erzählt hatte - und ebenso gerührt, dass sie diese morgen tragen möchte. Die beiden sind auch davon angetan und sagen, sie werden es genauso machen. Was? Sie auch? Ich selbst habe leider gar nichts Blaues dabei. Meine Farben beschränken sich hier auf grau, lila, grün. Wir überlegen, wie ich noch an etwas Blaues kommen kann. Aura zeigt auf eine Vitrine im Speisezimmer. Darin sind unterschiedliche Marienkränze zum Verkauf ausgestellt, auch einer in blau. Wir stehen auf und schauen sie uns an. Sie sind wirklich schön und ich beschließe, nach dem Essen einen zu kaufen.

Beim Essen kommen alle Pilger zusammen und wir lernen noch zwei weitere Italiener kennen: zwei Freunde, etwa vierzig und sechzig Jahre alt, die zusammen wandern. Rechts neben mir sitzt Giovanni. Er fragt mich weiter nach meinem Leben aus, nach meinem Job, meiner Familie und wir unterhalten uns nett. Es gibt ein leckeres italienisches Abendessen: Eine Suppe als *Primo piatto*, ein Kalbsschnitzel mit Kartoffeln und einer ganzen Kugel Mozzarella als *Secondo piatto*, und zum Nachtisch Kirschen. Einer der Italiener fragt mich, ob das die ersten Kirschen seien, die ich in diesem Jahr esse, und ich sage, ja, das sind sie. Dann, erklärt er, könne ich mir etwas wünschen. Wenn man das erste Mal im Jahr Kirschen esse, könne man sich etwas wünschen. Ich liebe solche Bräuche und wünsche mir schnell etwas.

Was mich noch beschäftigt, ist meine Unterkunft in Rom. Ich hab' ja noch keine. Ich kann mich nicht entscheiden, ob ich bei einem der Kloster anfragen möchte oder doch lieber in einem Airbnb übernachten soll. Das Airbnb ist komfortabler, ich könnte mir morgens mein Porridge machen, das ich hier auf der Wanderung sehr vermisse, und mich mehr als Local fühlen. Außerdem könnte ich neue Leute kennenlernen. Ich bespreche das Thema mit den Dutch

Ladys. Aura hat schon recht, wenn sie meint, dass ich den Luxus einer Airbnb-Wohnung noch den Rest meines Lebens haben könne, während sich der Spirit der Wanderung aber besser in der Ruhe eines Klosters ausklingen ließe. Ich schlafe noch einmal drüber.

Viterbo – Vetralla: 19,1 km
Monastero delle Benedettine Regina Pacis

Sutri

MEIN BLAUES WUNDER

In unserem Dreierzimmer klingelt um 06:20 Uhr der Wecker. Ohne viele Worte zu verlieren, machen wir uns nacheinander fertig und ich spüre, wie emotional ich heute bin. Beim Gedanken an meine Oma schießen mir Tränen in die Augen. Aura bemerkt das und erzählt mir eine Geschichte aus Curaçao. Dort glaubt man, dass sich der Geist der Vorfahren durch Gerüche in der Natur zeigt. Wenn man unterwegs einen intensiven Geruch wahrnimmt, kann dies ein Zeichen der Seele des verstorbenen Menschen sein. Ich kann mir nicht genau vorstellen, wie das gehen soll. Wie soll ich meine Oma riechen können?

Wir frühstücken mit allen Pilgern zusammen und danach geht's direkt los. Das heutige Etappenziel ist Sutri, 21 Kilometer entfernt. Nachdem wir die befahrene Straße verlassen haben und nicht mehr damit beschäftigt sind, die Route zu finden, gebe ich den Holländerinnen ein Zeichen, werde langsamer und lasse etwas Abstand zwischen uns kommen. So höre ich nicht mehr, was sie reden, und kann in Stille laufen. Ich atme bewusst ein und aus und denke wieder daran, was Aura mir im Zimmer erzählt hat. Wie hat meine Oma gerochen? Mir steigt kein Duft in die Nase. Ich erinnere mich nicht mehr. Woran erinnere ich mich dann? Ich versuche mich zu konzentrieren, stelle mir meine Oma vor meinem geistigen Auge vor, aber mir fällt nichts ein. Nichts, das mich berührt. Die Emotionalität von heute früh ist verflogen. Stattdessen empfinde ich Leere.

In dem Moment greift meine Hand, ohne zu wissen warum, in meine rechte Jackentasche und holt den Stein heraus. Den hatte ich ganz vergessen. Er lag vor zwei Tagen auf einmal auf dem Weg. Wir waren auf einem Feldweg Richtung Viterbo unterwegs, ich lief als Letzte gedankenverloren vor mich hin, als mein Blick plötzlich auf den Boden und damit auf diesen circa fünf Zentimeter großen herzförmigen Stein fiel. Ich spürte eine merkwürdige Anziehung und das Bedürfnis, ihn einzustecken. Das wunderte mich, die Farbe war nämlich keine, die mich normalerweise anzog. Der Stein war blau.

In mir entzündet sich ein Feuerwerk. Es ist, als hielte ich einen Teil meiner Oma in meiner Hand, und ich fühle mich plötzlich ganz stark mit ihr verbunden. Damit kommen auch die Erinnerungen wieder. Es kommt das Bild in meinen Kopf, wie ich mit ihr in ihrem Garten Himbeeren gepflückt habe. Bis heute sind Himbeeren meine Lieblingsfrüchte, die ich mir aber aus irgendeinem Grund nur selten kaufe.

VORSATZ: Diesen Sommer mehr Himbeeren essen.

Dann erinnere ich mich an den Käsekuchen, den sie jeden Sonntag für mich gebacken hat. Wir haben ihn immer Eiskuchen genannt. Ich erinnere mich, dass ich als Kind in der Schule sogar einen Aufsatz darübergeschrieben habe, so wichtig war er für mich. Meine Oma hat mich immer verwöhnt, und gerade spüre ich, wie sehr mir das fehlt.

Blau ist das Motto des Tages, auch für den Himmel. Er ist strahlend blau und das Wetter war noch an keinem Tag so gut wie heute. Die Wanderung macht mich von Minute zu Minute glücklicher. Der Weg ist bemerkenswert schön, wir laufen durch

Nussbaumplantagen, vorbei an alten Gemäuern. Und immer wieder sind da die für Italien so typischen Pinienbäume. Aura hat sie die letzten Tage *broccoli trees* genannt, weil sie so aussehen wie ein Brokkoli. Am Himmel sind zarte weiße Schleierwolken zu sehen, die sich wie ein Hauch über das intensive Himmelsblau legen. Und dann bin ich sicher: Oma Christine ist da. Sie ist bei mir. Sie läuft mit. Sie passt auf mich auf und verwöhnt mich immer noch – heute mit dieser schönen und intensiven Wanderung. Und wieder fließen die Tränen.

Dann führt der Weg in einen Wald hinein. Plötzlich dreht sich Aura zu mir um und zeigt auf ihre Nase. Es riecht intensiv nach altem Holz. Ein angenehm erdiger und natürlicher Geruch. Da ist er! Der Geruch! Ich kann dich riechen, Oma Christine. Und dann verstehe ich, worum es bei dem Glauben aus Curaçao wirklich geht. Es geht nicht darum, den tatsächlichen Geruch einer Person zu riechen. Der Geruch ist nicht mehr da, genau wie die menschliche Form. Aber die Seele ist noch da und kann sich in neuen Sinneseindrücken, Bildern, Gerüchen und Formen ausdrücken. Gerade fühle ich mich mit meiner Oma verbunden wie noch nie. Mein ganzer Körper scheint zu vibrieren und ich kann sie spüren. Ich kann ihre bedingungslose Liebe spüren. Sie ist nicht verloren, sie ist noch da. Aber es geht weiter. Der Weg führt auf einen Schotterweg, der gespickt ist mit tausenden von blauen Steinen. Immer wieder bleibe ich stehen, nehme einen Stein in die Hand und bewundere ihn, seine Einzigartigkeit, die intensive Farbe, und freue mich. Am liebsten möchte ich sie alle aufheben und mitnehmen, alles konservieren, was mich an diesen Tag und an meine Oma erinnert. Insgesamt stecke ich sieben Steine ein.

Als wir uns unserem Ziel nähern und die Straßen belebter werden, schließe ich wieder mit Aura und Marieke auf und wir laufen den letzten Kilometer zusammen. Ich erzähle ihnen von meinen intensiven Erfahrungen und Gefühlen, und sie freuen sich für mich. Auch sie haben die Wanderung genossen und als besonders wahrgenommen.

Die Holländerinnen wollen heute in der Pilgerunterkunft zwei Kilometer außerhalb des Ortes schlafen. Mir ist nach einem Hotel. Wir verabschieden uns nach dem Mittagessen und verabreden uns für den nächsten Morgen. Ich bin glücklich, dass ich jetzt noch Zeit für mich habe, die Wanderung auf mich wirken zu lassen. Ich bin so dankbar, so stolz. Dankbar für die wunderschöne Wanderung, für die Verbindung zu meiner Oma, für die Holländerinnen, für die Natur, und stolz, dass ich es schon so weit geschafft habe. Noch drei Touren bis nach Rom!

Aber erst einmal muss ich mir ein Hotel organisieren. Ich entscheide mich heute noch einmal für eine Empfehlung aus dem Reiseführer: ein 2-Sterne-Hotel. Es gibt noch ein freies Zimmer. Es ist dunkel, etwas muffig, und ich würde ihm auch nur maximal 2 Sterne geben, aber ich habe es für mich und kann so lange duschen, wie ich möchte.

Am Nachmittag erkunde ich den kleinen Ortskern, setze mich in ein Café auf den Markt und trinke einen Tee. Leider gibt es hier keinen Käsekuchen, darauf hätte ich jetzt Lust. Ich schreibe in mein Tagebuch, als ich plötzlich meinen Namen höre. „*Christiane!*" Ich hebe den Kopf und sehe Giovanni und seine Freunde auf mich zukommen. Wie schön! Wir erzählen ein bisschen, machen ein Selfie und dann ziehen sie weiter.

Ich lasse meinen Gedanken wieder freien Lauf und mir wird bewusst, wie glücklich mich die spirituelle Erfahrung heute gemacht hat. Und wie gut mir die Stille tut. Das spricht eindeutig für die

Klosterunterkunft in Rom. Ich recherchiere und finde zwei Optionen, die auch im Preisrahmen liegen. Das Casa Emilia mit einem parkähnlichen Garten etwas abseits des Trubels ist meine Nr. 1. Das andere, Casa Maria, in direkter Nähe zum Petersdom, klingt ebenfalls gut, hat aber um 23:00 Uhr Sperrstunde. Das muss ja nicht sein. Ich frage bei meiner ersten Wahl an.

Als Nächstes will ich meine Nahrungsvorräte wieder in einem der kleinen süßen *Alimentari* auffüllen. Ich liebe diese kleinen Läden und kaufe dort Brot, Kekse, Tomaten und Bananen. Es ist heute richtig warm. Ich setze mich an den Brunnen am Platz und genieße die intensive Sonne.

Zu Abend esse ich in einem schönen Restaurant, ebenfalls am Marktplatz. Auf den Tischen liegen lila-weiß karierte Tischdecken, was eine gemütliche und gleichzeitig elegant-moderne Atmosphäre ausstrahlt. Das Essen schmeckt hervorragend. Glücklich gehe ich in mein Hotel zurück. Da ich mich morgen schon früh mit den Holländerinnen treffen werde und ich die zwei Kilometer zur Pilgerunterkunft, die sie mir bereits voraus sind, noch laufen muss, möchte ich früh schlafen. Vorher bete ich aber noch mein persönliches Gebet und bitte für meine Großeltern und für meine Verbindung zu ihnen, vor allem zu Oma Christine.

Vetralla – Sutri: 20,8 km
Hotel: Sutrium

Campagnano di Roma
EIN ORT ZUM HEIRATEN

Heute geht es 19 Kilometer nach Campagnano di Roma. Vor dem Schlafen habe ich mir dort noch ein Hotelzimmer gebucht. Auf dem Weg aus Sutri heraus kaufe ich mir ein Croissant in einer Bar und laufe damit Richtung Ortsausgang. Die Holländerinnen haben mich gewarnt, dass der Weg bis zu ihrer Pilgerunterkunft an einer viel befahrenen Straße entlangführt, die keinen durchgängigen Fußweg hat. Und so ist es auch.

Julia: *Guten Morgen!*
           Viel Spaß auf der Via Cassia!
           Big sister is watching you …!

Die Straße ist zum Glück noch nicht so voll, es ist kurz nach sieben. Trotzdem bin ich froh, als ich sie nach circa 700 Metern verlassen kann und in die Einfahrt des Pilgerzentrums einbiege. Dort sehe ich schon Aura und Marieke, die auf mich warten. Die Pilgerherberge liegt direkt neben einem Hotel und einer kleinen Kapelle, von der die Holländerinnen meinen, ich müsste sie mir unbedingt ansehen. Offensichtlich hat hier vor einigen Tagen eine Hochzeit stattgefunden, der Blumenschmuck hängt noch an den Bänken. Sie ist schlicht und wunderschön. Was für ein passender Ort zum Heiraten, denke ich.

Dann geht es los. Durch eine moorartige Landschaft. Das Wetter ist, anders als gestern, bedeckt und etwas diesig. Das trübt unsere Stimmung aber nicht – es sind nur noch drei Wanderungen bis nach Rom. Das Ziel, das sich für mich vor einer Woche noch fast unerreichbar anfühlte, ist nun in greifbarer Nähe. Wie mag sich das erst für die Holländerinnen anfühlen? Sie sind in Maastricht gestartet, seit drei Monaten unterwegs, und erreichen in drei Tagen, auch noch an Mariekes 50. Geburtstag, endlich ihr Ziel. Wahnsinn. Ich habe so viel Respekt vor ihrem großen Abenteuer. Sie haben mir viel von der Zeit erzählt: was die Wanderung mit ihnen gemacht hat, welche Krisen sie überstanden haben und wie sehr sie sich jetzt auf ihre Familien und ihr Zuhause freuen. Das kann ich gut nachvollziehen. Die letzten drei Monate müssen auch organisatorisch eine Herausforderung gewesen sein. Sie sind im März im Schnee gestartet, brauchten da also eine komplett andere Ausrüstung als jetzt und mussten immer wieder ihre Outfits tauschen. Auras Mann Peter ist deshalb einmal im Monat zu ihnen geflogen, um ihnen den Wechsel der Sachen zu ermöglichen. Außerdem hat er viele Unterkünfte für sie recherchiert. Für beide Frauen waren diese drei Monate eine Auszeit, die sie sich nach vielen Jahren, in denen Sie die Familie an erster Stelle gestellt haben, gegönnt haben. Es ist schon kaum zu beschreiben, was die letzten neun Tage mit mir gemacht haben. Was passiert mit einem, wenn man drei Monate wandert? Wie viele Schichten läuft man ab? Manchmal ertappe ich mich dabei, dass ich die Wanderung der Holländerinnen mit meiner vergleiche und mir meine zwei Wochen dann unbedeutend vorkommen. Aber ist das wahr? Mein großes Abenteuer war es, mich alleine auf diese Reise zu machen. Das Alleinsein hat mich so sehr aus meiner Komfortzone geholt, dass sich alle Schleusen geöffnet haben. Ich bin zu Schichten vorgestoßen, die ich ansonsten wohl nicht gefunden hätte. Und schließlich durfte ich erfahren, dass ich nie wirklich alleine bin. Die Menschen, die wir lieben, sind immer dabei. Trotzdem verstehe ich, dass die Dutch Ladys nach drei Monaten froh sind, ihre Familien in drei

Tagen, am Samstag, wieder persönlich zu sehen und in den Arm zu nehmen. Ihre Angehörigen fliegen nämlich morgen nach Rom und werden sie in Empfang nehmen.

Mittlerweile haben wir lange Feldwege hinter uns gelassen und diverse Kreuzungen überquert, kommen nun aber ins Stocken. Die Richtung ist uns nicht klar. Wir sind den Schildern gefolgt und stehen jetzt in einer Sackgasse vor einem großen Eisentor. Wir überlegen kurz, drüber zu klettern. Da wir dahinter aber eine Weide ohne klar erkennbaren Weg sehen können, entscheiden wir uns, umzukehren. Puh, der Weg zurück zur nächsten Kreuzung war lang … Auch ich bin mittlerweile ganz gut im Lauftraining, aber Zusatzwege will keine von uns gehen. Die Stimmung sinkt. Wir wissen, dass wir nun eine große Extra-Runde außen um die Weide laufen müssen und sind genervt. Hilft aber nichts, also weiterlaufen. Wenn wir eines gelernt haben, dann: Auch das geht vorüber. Tut es auch, nach kurzer Zeit sind wir wieder on track. Obwohl 19 Kilometer keine lange Route sind, sind wir alle froh, als wir Campagnano di Roma erreichen. Der Ort hat unser Ziel bereits im Namen und das ist gut. Man merkt, dass wir uns mehr in Richtung Stadt bewegen. Alles ist etwas hektischer und weniger herzlich als in den ländlichen kleinen Orten. Wir finden ein nettes Restaurant und essen gemeinsam zu Mittag. Danach machen sich die beiden in Richtung ihrer Pilgerunterkunft auf und ich mich zu meinem Hotel.

Das Hotel ist in Ordnung. Es wirkt etwas kühl, aber es ist sauber und das Zimmer ist groß. Ich muss unbedingt meine Fließjacke und meine Wandershirts waschen und frage nach einer Waschmaschine. Wunderbar, es gibt eine, die ich nutzen darf. Die Dame an der Rezeption gibt mir den Schlüssel zur Waschküche, die sich im

Hinterhof befindet. Sie sagt, ich könnte den Wäscheständer verwenden, müsste den Schlüssel aber wieder abgeben. Ich frage, ab wann sie morgen früh im Haus sind, da ich schon um 07:00 Uhr aufbreche und vorher die Wäsche holen will. Sie meint, das wäre gar kein Problem. Sehr gut.

Dann checke ich meine E-Mails. Die Klosterunterkunft hat sich gemeldet. Sie sind voll und haben kein Bett mehr frei. Oh nein!!! Ich bin kurz verzweifelt. Gut, dann kommt jetzt Plan B. Ich schreibe meinem zweiten Favoriten, Casa Maria. Vom Namen her passt das auch viel besser, Maria ist mein zweiter Vorname, vielleicht auch deshalb meine zweite Wahl? Die nächtliche Sperrfrist hatte mich gestern noch abgeschreckt, erscheint mir gerade aber völlig belanglos. *Bitte bitte, lieber Gott, lass sie ein freies Zimmer für mich haben!!*

Sutri - Campagnano Di Roma: 19 km
Hotel Ristorante Benigni

NICHT ALLE TÜREN ÖFFNEN SICH

Die Holländerinnen meinten gestern, dass sie heute pünktlich um 07:15 Uhr loswollen. Ich stehe also schon um Viertel nach sechs auf, mache mich fertig, packe meine Sachen und gehe nach unten in den Innenhof, um meine Wäsche aus der Waschküche zu holen. Die Waschküche ist wie erwartet abgeschlossen. Ich gehe zurück ins Hotel und suche nach jemandem, der mir aufschließen kann. Aber es ist niemand da! Die Rezeption, die sich im Restaurant befindet, sowie der gesamte untere Bereich sind dunkel. Ich rufe _„Buongiorno! Scusi? Hello!!"_, aber nichts rührt sich. Na toll. Es ist 07:05 Uhr und ich werde nervös. Ich laufe ums Haus herum, warte weitere fünf Minuten und überlege, was ich tun kann. Auf der Visitenkarte des Restaurants steht eine Handynummer, die rufe ich jetzt an. _„Pronto!"_ meldet sich die italienische Dame von gestern am Telefon! Ich erkläre ihr, dass ich vor der Waschküche stehe und nicht an meine Sachen komme und hier niemand ist, der mir helfen könnte. Sie sagt, es müsste spätestens in 10 Minuten jemand kommen. Wunderbar. Bis dahin sind die Dutch Ladys ohne mich losgelaufen, das passt mir gerade gar nicht. Ich schreibe Aura. Sie sagt, dass sie warten. Ok. Ich warte auch. 10 Minuten. 12 Minuten. Dann rufe ich wieder die Handynummer an. Ich höre wieder _„Pronto!"_ und sage _„Scusi"_, aber hier ist immer noch niemand und ich muss jetzt wirklich los. Die Dame ist völlig entspannt und meint, es würde sofort jemand kommen. _Piano, piano_, ganz mit der Ruhe. Weitere 5 Minuten später ist endlich jemand da. Es kommt ein junger Mann und schließt die Waschküche auf. Ich stopfe die

Sachen in meinen Rucksack und laufe los zum Treffpunkt. Da warten Aura und Marieke zusammen mit zwei weiteren Pilgern und grinsen mich an. Gut, sie sind nicht sauer. Na dann los.

Der erste Teil der Strecke führt uns raus aus Campagnano di Roma, über dicht befahrene Straßen. Nachdem wir den Trubel hinter uns gelassen haben und in einen ruhigeren Feldweg eingebogen sind, erzähle ich die Geschichte von meiner eingeschlossenen Wäsche. Die beiden amüsieren sich. Für heute habe ich keine Unterkunft gebucht. Aura und Marieke haben über Auras Mann Peter eine Wohnung reservieren lassen und bieten mir an, dort zusammen mit ihnen zu übernachten. Also gut. Das Ziel ist jetzt zwar greifbar nahe, der Respekt vor jeder einzelnen Wanderung bleibt. Auch die heutigen 18 Kilometer sind kein Spaziergang und wollen erstmal gelaufen werden. Deswegen motivieren wir uns gegenseitig. Die Strecke ist allerdings dankbar und führt uns in den Parco Naturale, ein wunderschönes großes Naturschutzgebiet. Fünf bis sechs Kilometer wandern wir durch grüne und mit Blumen gesäte Wiesen und Wälder. Das Wetter wird im Laufe des Tages immer besser, es wird sogar richtig warm, und ich kann in kurzer Hose und Top laufen. Am Ende eines Feldweges entscheiden wir uns, unsere Pause einzulegen und setzen uns in den Schatten. Herrlich! Nach dem Dehnen checke ich meine E-Mails und kann erleichtert aufatmen: Das Casa Maria hat meine Anfrage bestätigt. Ich habe in Rom eine Bleibe! Juchuu!! Und dann ist da wieder das schöne Gefühl, dass sich am Ende alles fügt.

Nach der Pause geht es weiter durch die herrliche Landschaft. Kurz bevor wir La Storta erreichen, überrascht uns ein Wasserfall. Ein wunderschöner Ort. Bis zu unserem heutigen Ziel sind es nur noch einige Kilometer, daher machen wir hier in Ruhe Fotos. Wir sind müde, aber entspannt und wissen, dass wir es für heute bald geschafft haben. Es ist noch ein Tag zu laufen und gerade platze ich fast vor Vorfreude und vor Stolz.

Die Unterkunft liegt an einer etwas abgelegenen Straße und lässt sich nicht auf Anhieb finden. Es ist mittlerweile ziemlich heiß und ich spüre, wie meine Unterarme langsam anfangen zu brennen. Endlich haben wir die Adresse gefunden. Nur leider macht uns niemand die Tür auf. Das ist jetzt die zweite verschlossene Tür, vor der ich heute stehe. Wir warten 10 Minuten und Aura versucht, den Vermieter zu erreichen, aber er meldet sich nicht. Wir warten weitere fünf Minuten und die Stimmung kippt. Es ist heiß, wir wollen alle duschen und haben Hunger. Was tun? In meinem Reiseführer wird ein Klosterhotel empfohlen und wir entscheiden, es dort zu versuchen. Also wieder zurück in den Stadtkern. Wir finden das Kloster, das auf einem großzügigen Gelände ansässig ist, und hoffen, dass es noch Zimmer für uns gibt. Dieses Mal frage ich nach einem Einzelzimmer, ich möchte meine restlichen Sachen waschen und in Ruhe duschen. Wir bekommen zwei Zimmer direkt nebeneinander und ich bin überglücklich, als ich mein Zimmer sehe. Es ist einfach eingerichtet und die Möbel sind alt. Trotzdem liebe ich es und fühle mich direkt wohl. Vielleicht, weil der Raum hell ist und hohe Decken hat? Ich weiß es nicht, muss aber über mich selber schmunzeln, wie sich meine Maßstäbe in den letzten zwei Wochen verändert haben und das einfache Klosterzimmer zum Luxustempel wird. Wenn das Casa Maria diesen Standard hätte, wäre ich überglücklich!!

Die Zeit bis zum Abendessen vergeht wie im Flug. Wir sind alle drei aufgeregt auf morgen und besprechen unseren Plan. Wir wollen um 06:00 starten. Die letzte Tour nach Rom ist zwar mit 16 Kilometern die kürzeste, führt aber zum größten Teil an einer viel befahrenen Straße entlang. Wir müssen also gut aufpassen. Gleichzeitig wird der Weg sehr eintönig und deshalb vermutlich anstrengend. Die Via Francigena endet offiziell am Petersdom, genau genommen am Grab von St. Peter. Die Familien von Aura und Marieke werden deshalb am Petersplatz auf sie warten. Ich spüre, wie sehr sich die beiden auf den Moment freuen. Für uns drei wird das dann auch der Zeitpunkt sein, an dem wir uns verabschieden. Es fühlt sich eigenartig an, wenn ich daran denke, in Rom wieder auf mich allein gestellt zu sein. Das Gefühl hält aber nur kurz an, die Vorfreude überwiegt.

Das Abendessen haben wir im Kloster direkt mitgebucht. Die Unterkunft ist wie eine Art Hotel, das an ein Kloster angeschlossen ist. Obwohl das Haus sehr groß ist, sind wir die einzigen Pilger hier. Von den anderen bekannten Gesichtern ist niemand da. Hoffentlich sehen wir sie morgen noch einmal wieder.

Campagnano Di Roma - La Storta
Casa per Ferie - Nostra Signora del Sacro Cuore

II. ROM

Heute gibt es allen Grund zu feiern. Nicht nur, weil die letzte Etappe ansteht, sondern auch, weil Marieke 50 Jahre alt wird. Ich habe gestern im Supermarkt noch einen kleinen Kuchen und Kerzen besorgt. Als Marieke mir um kurz vor 06:00 die Zimmertür aufmacht, singe ich mit dem Kuchen in der Hand Happy Birthday und lasse sie die Kerzen auspusten. Sie freut sich sehr. Dann gebe ich ihr den kleinen Talisman, den ich in Sutri für sie gekauft habe, und auch darüber freut sie sich – und ich mich mit. Endlich kann ich etwas von dem zurückgeben, was sie und Aura in den letzten Tagen für mich getan haben.

Dann geht's los. Auf nach Rom. Schnell sind wir auf der Hauptverkehrsstraße, die um diese Uhrzeit noch nicht stark befahren ist. Wir haben besprochen, dass ich vorweg laufe. Wieder bin ich froh, die Stöcke dabei zu haben. Ich strecke den rechten Arm aus, bewege den Stock in der Hand und zeige damit den entgegenkommenden Autos, dass wir auf der Straße sind. Dann kommt eine Gabelung. Wir sind uns unsicher, welche der beiden Straßen die richtige ist. Wir entscheiden uns für die linke und zum Glück erkennen wir nach zweihundert Metern auf der App, dass wir uns richtig entschieden haben.

Was folgt, sind monotone Kilometer auf der Via Cassia Richtung Rom. Da wir uns nicht unterhalten können, hängt jeder seinen eigenen Gedanken nach. Ich male mir ein weiteres Mal aus, wie es sein wird, den Petersdom das erste Mal zu sehen, wie es sich anfühlen wird, in Rom anzukommen. Dabei zeigt mein inneres Auge auf einmal eine Szene, die ich zwar nicht zuordnen kann, die mein Herz aber zum Strahlen bringt. Ich sehe mich auf einer Hochzeitsfeier. Meiner Hochzeitsfeier. Ich sitze an einem wunderschön gedeckten Hochzeitstisch, während mein Ehemann eine Hochzeitsrede hält. Ist mir die Kapelle in Sutri zu Kopf gestiegen? Wo kommt dieses Bild denn jetzt her? Im Christentum symbolisiert das Sakrament der Ehe die unwiderrufbare Liebe Gottes. Ist es das? Visualisiere ich hier gerade eine Metapher für die Liebe Gottes? Wenn sie sich so anfühlt, so berauschend und intensiv, lass ich sie nie wieder los. Oder werden meine Gebete schon erhört und ich kann die Liebe zu einem Mann, meinem Mann, schon spüren?

Wir machen in einer Bar direkt an der Straße Pause und ich beobachte eine Gruppe von Italienern. Sechs Personen sprechen gleichzeitig und ich habe keine Ahnung, wie hier irgendjemand etwas versteht.

Mit neuer Kraft laufen wir weiter. Einen letzten Zwischenstopp planen wir am Monte Mario. Dort soll es einen Aussichtspunkt geben, von dem man einen ersten Blick auf den Petersdom werfen kann. Das Wetter ist ein Traum, blauer Himmel, und die Sonne scheint. Die Sicht sollte also gut sein. Nach einigen Kilometern sehen wir dann das Schild, das Richtung Monte Mario zeigt. Wir biegen links ab und laufen den Hügel hinauf. Und wer kommt da hinter uns angelaufen? Die Gruppe von Giovanni! Hach! Wir laufen zusammen weiter und werden mit einem Ausblick belohnt, der mir den Atem stocken lässt. In der Ferne ist er zu sehen. Der Petersdom. Sofort sehe ich ihn nur noch verschwommen. Denn mir kommen die Tränen. Marieke und Aura sind auch ergriffen. Wir brauchen etwas Zeit, um das alles zu begreifen. Und natürlich brauchen wir Fotos. Ach, und dann kommen auch noch die beiden italienischen Pilger, die wir im Kloster in Vetralla kennengelernt haben. Ist ja verrückt, dass wir uns hier alle treffen, als hätten wir uns verabredet.

Aufgeregt laufen wir weiter. Es sind nur noch drei Kilometer. Die Holländerinnen haben ihren Familien Bescheid gegeben, wir sollten in spätestens 45 Minuten am Petersplatz sein und sie treffen. Die letzten Kilometer laufen sich leicht. Aura ist in Rom schon einmal einen Marathon gelaufen und erkennt die Straßen wieder. Marieke und ich pilgern hinter ihr her. Kurz vor unserem Ziel, bevor wir in die Straße zum Petersplatz abbiegen, bleiben wir stehen. Das ist unser letzter Moment nur für uns drei. Wir umarmen uns und bedanken uns beieinander. Aura gibt mir einen Kuss auf die Stirn und sagt: *„Christiane, ich liebe dich, du bist für mich wie eine Tochter."* Ich stehe da und werde durchströmt von Liebe, von mütterlicher Liebe. Bedingungsloser Liebe. Einer Liebe, die mich stark macht, die mir die letzten 9 Tage immer genau das gegeben hat, was ich brauchte: Aufmerksamkeit, Schutz, Fürsorge, Kraft und Leichtigkeit. Was für ein Geschenk! Ich habe viel von Aura gelernt und werde ihr für immer dankbar sein.

Dann gehen wir um die Ecke und erkennen die Säulen des Petersplatzes. Der Petersdom ist noch nicht zu sehen, aber dafür die Familien der Holländerinnen. Ihre Angehörigen laufen auf sie zu und fallen ihnen in die Arme. Ich bleibe stehen, hole mein Handy heraus und filme die Szene. Auf Aura warten drei Generationen: Neben Peter ist seine Mutter, Auras Schwiegermutter, die im Rollstuhl sitzt, und eine ihrer Töchter nach Rom gekommen. Marieke schließt wiederum ihre eigene Tochter in die Arme. Nachdem sie sich in Ruhe begrüßt haben, stellen Aura und Marieke mich vor. Wir laufen die letzten 100 Meter um den Platz herum in einer großen Traube gemeinsam, vorbei an Touristen und Polizisten. Und

dann haben wir ihn in seiner ganzen Pracht vor uns, den Petersdom.

Ich könnte die ganze Welt umarmen und rufe meine Familie an.
Zuerst meine Schwester und dann meine Mutter. Als ich meinen
Bruder anrufe, weiß der schon von meiner Mutter, dass ich angekommen bin. Dann meinen Vater. Ich habe das tiefe Bedürfnis,
ihnen allen zu sagen, dass ich sie liebe. Bei meiner Mutter brechen
alle Dämme und ich muss weinen. Sie auch. Es berührt mich, wie
sehr sie sich für mich freut. Die Tränen lösen die letzte Anspannung der vergangenen Wochen.

Nachdem wir Fotos gemacht haben, wollen wir uns unsere Pilgerurkunde abholen. Dazu gehen wir in ein Gebäude links vom
Petersplatz, das die Familien der Dutch Ladys für uns schon aus-
findig gemacht haben. Wir haben alle stolz unseren Pilgerpass in
der Hand, in dem alle Stempel vermerkt sind, und warten, bis wir
dran sind. Das geht zum Glück schnell. Die Mitarbeiterin prüft unsere Pässe und stellt die Urkunden aus. Es ist jetzt offiziell: Ich bin
die Via Francigena von Siena nach Rom gepilgert. 260 Kilometer in
14 Tagen, wovon ich 13 Tage gelaufen bin und einen Ruhetag hatte.

Dann heißt es wirklich Abschied nehmen. Wir drücken uns alle
noch einmal und dann ziehen die Holländerinnen mit ihren Familien los und lassen mich im Getümmel des Petersplatzes zurück.
Zeit, meinen Freundinnen zu schreiben.

Andy: *Meeeeeega! Ich habe heute Dauer-Gänsehaut – total krass!!! Toll, bin*
wahnsinnig stolz auf dich und darauf, dass du diese Reise gemacht hast.
Danke für's Mitgehen.

Van: *Glückwunsch, du Tapfere! Ganz toll. Jetzt aber ein bisschen Dolce Vita.*
Liebste Grüße

Julie: *Jaaaaaa! Du bist die Königin! Jetzt lass es dir so richtig gut gehen in Rom! Dicker Siegesdrücker*

Nach einer weiteren halben Stunde auf dem Petersplatz mache ich mich auf den Weg zum Casa Maria. Ich bin so gespannt, wie es ist. Google zeigt mir an, dass es 800 Meter bis dorthin zu laufen sind. Also gut. Ich lasse den Petersdom zu meiner Linken hinter mir, laufe die Straße zurück, die wir gekommen sind und halte nach drei Minuten an einer vierspurig befahrenen Hauptverkehrsstraße. Ich warte an einem Zebrastreifen, bis die Autos anhalten. Nur hält hier niemand an. In den letzten Tagen haben wir mit unseren Pilgeroutfits immer die volle Aufmerksamkeit der Autofahrer gehabt. Sobald uns ein Autofahrer gesehen hat, hat er sofort angehalten, uns gewunken und *Buon Camino* gewünscht. Hier interessiert das niemanden. Großstadt. Ich beobachte eine Frau, wie sie einfach losgeht und offensichtlich darauf vertraut, dass die Autos, die hier angerast kommen, in letzter Sekunde bremsen. Ok, so mache ich das auch, auch wenn mir das Herz dabei fast stehen bleibt. Nach zehn Minuten bin ich in der Via Ezra. Hier befindet sich das Casa Maria. Ich klingele und gehe eine lange Treppe zum Pförtner hinauf. Der Pförtner ruft eine Schwester, die meine Daten aufnimmt und mir mein Zimmer zeigt. Da ich immer noch die Pilgerurkunde in der Hand halte, halte ich sie ihr stolz hin, während wir mit dem Aufzug in den zweiten Stock fahren. Sie schaut kurz hin, verzieht aber keine Miene und scheint wenig beeindruckt zu sein. Na toll. Ich dachte, ich würde hier auf mehr Begeisterung stoßen.

Die nächsten Glücksgefühle überkommen mich, als ich mein Zimmer sehe. Es ist groß, schlicht und freundlich eingerichtet, sehr sauber – und ich habe ein Kingsize-Bett!!! Außerdem ist es ruhig und zum wunderschönen Innenhof gelegen.

Ich schicke Saskia und Silvia ein Foto von meinem Zimmer.

Ich: *Kingsize bed at the nuns'!*
Silvia: *… da lässt sich ab 23:00 Uhr sicherlich super schlafen! ;-)*
Ich: *Bestimmt.*

Als ich mir später das gesamte Haus anschaue, entdecke ich die Kapelle und die Dachterrasse. Ich bin im Himmel. Ich gehe zurück in mein Zimmer, lege die Füße hoch und futtere meine letzten Essensreste auf. Und spüre meine Müdigkeit. Während ich über den weiteren Tag nachdenke, wird mir klar: Ich habe überhaupt nichts zum Anziehen. Ich habe nur Funktionsklamotten dabei und das passt hier irgendwie nicht. Also gleich erst einmal Shoppen. Vorher schreibe ich noch allen Freunden, bei denen ich mich noch nicht gemeldet habe, dass ich angekommen bin. Außerdem bedanke ich mich bei den Menschen, die ich im Zuge der Reise kennengelernt habe und die mich dabei unterstützt haben, mein Ziel zu erreichen. Zuerst schreibe ich Francesco, dem Besitzer des wunderschönen Palazzo in Bolsena. Sich bei ihm zu bedanken ist leicht, ich habe seine Handynummer und schreibe ihm eine Nachricht. Matteo, der uns in dem B&B seiner Eltern in Viterbo so herzlich aufgenommen hat, finde ich auf Facebook. Außerdem war da noch der Hotelbesitzer in der ersten Unterkunft in Monteroni d'Arbia, der mir so viel Mut zugesprochen hat, und natürlich Giovanni, der Erste, der Wirt aus Buonconvento. Von beiden habe ich keine Telefonnummer. Deshalb werde ich ihnen morgen eine Postkarte schreiben.

Und da antwortet Francesco schon. Er ist begeistert und gratuliert mir. *Grazie.* Außerdem fragt er, wie lange ich noch in Rom bin

und ob wir uns treffen wollen? Ohhhh! Natürlich will ich. Wir verabreden uns zum Kaffee in drei Tagen, nachdem er seine
Klausuren beendet hat. Aufregend.

Ich weiß nicht, ob es daran liegt, dass ich die letzten Wochen an
mir und an den meisten anderen Menschen nur Wanderkleidung
gesehen habe, aber Rom ist für mich gerade ein Fashion-Mekka.
Die Mode kommt mir viel femininer und lebensfroher vor als in
Deutschland und ich finde leicht passende Outfits für die restlichen fünf Tage in Rom. Beim Einpacken der Ware sind die
Verkäuferinnen nur genauso lieblos wie in Deutschland. Als ich im
Kloster ankomme, sind die neuen Kleidungsstücke total verknit-
tert. So gehe ich nicht auf römische Straßen. Also bügeln. An der
Rezeption frage ich nach einem Bügeleisen. Die Nonne nickt und
bringt mich in den Wäscheraum, in dem drei fleißige Nonnen Wäsche zusammenlegen und Näharbeiten erledigen. Sie zeigen mir
das Bügeleisen, grinsen mich an, und ich mache meine Kleidung
ausgehfertig.

Die Holländerinnen vermisse ich jetzt schon. Wir schreiben uns,
ihnen geht es genauso. Sie wollen morgen zum Petersplatz gehen
und an der Papst-Messe teilnehmen. Mich schrecken die Menschenmassen gerade noch ab, deshalb lasse ich es noch offen. Ich
bin froh, dass sich das Kloster in Prati befindet, einem Stadtteil, der
nicht so touristisch ist. Um die Ecke des Klosters finde ich ein nettes
Restaurant, in dem ich mir ein köstliches Abendessen gönne. Und
mit einem Prosecco anstoße. *Salute!*

La Storta – Rom: 17,1 km
Casa Maria

EINMAL OHNE TOURISTEN BITTE

Andy: *Guten Morgen Bella, guten Morgen Rom, wie hast du geschlafen? Wie
fühlst du dich? Genieß den Tag und einfach alles.*

Und schon ist die erste Nacht in Rom vorbei. Angekommen bin ich
noch nicht. Das Kingsize-Bett war zwar sehr bequem, ich bin aber
immer wieder aufgewacht und habe wirr geträumt. Ich bleibe noch
im Bett sitzen, um zu beten:

Lieber Gott,

*bitte nimm die Angst von mir,
beobachte und beurteile sie für mich.
Zeige mir, wie ich sie in Frieden umwandle.*

*Hilf mir, die Liebenswürdigkeit in mir zu erkennen
und anzunehmen. So dass ich Liebe schenken kann.
Meinem Mann und meiner eigenen Familie.*

*Bitte lass mich meine Mutter und meinen Vater
so annehmen, wie sie sind.*

*Und bitte lass mich die Verbindung
zu meinen Großeltern spüren.*

Ich genieße meine Verbindung zu Gott, die ich in den letzten zwei Wochen aufgebaut habe, und möchte sie nicht verlieren. Aber stärke ich die Verbindung heute auf dem Petersplatz mit zigtausenden Menschen? Bei 27 Grad und verbrannten Unterarmen? Ich glaube nicht, auch wenn ich den Holländerinnen nicht gerne absage. Bestimmt finden wir eine andere Möglichkeit, uns hier noch einmal zu treffen. Außerdem habe ich ja am Mittwoch meine Papstaudienz und möchte heute erst einmal ankommen.

Ich setze mich in den Innenhof des Klostergartens und schreibe Tagebuch. Durch das Organisieren, Vorbereiten und die gemeinsame Zeit mit Aura und Marieke habe ich das die letzten Tage nicht gemacht und es hat mir gefehlt. Es hilft mir, meine Gedanken zu ordnen, und beruhigt mich.

Eigentlich wollte ich um 10:30 Uhr eine Messe in der Kirche San Gioacchino direkt neben dem Kloster besuchen. Als ich um 10:20 Uhr in die Kirche komme, ist aber schon eine feierliche Messe in Gang. Es scheint einen besonderen Anlass zu geben, der sich mir nicht erschließt. Anscheinend habe ich mich mit der Uhrzeit vertan. Na gut, dann erkunde ich eben Rom. Ich habe gelesen, dass Trastevere ein sehr schöner und ruhiger Stadtteil sein soll, mit wenig Touristentrubel. Das ist genau das, wonach mir heute ist. Von Prati sind es nur zwei Kilometer. Durch die letzten Tage bin ich gewohnt, zügig zu laufen. Schnell bin ich da. Mein Lauftempo wird in den kleinen Gassen von Trastevere aber gebremst. Wenig touristisch? Ich sehe nur Touristen, egal wohin ich schaue. Sie schieben sich in Massen durch die Straßen. Herrje, wie soll das dann erst im Zentrum sein? Egal. Trotzdem fängt mich der Charme des Viertels ein. Die Cafés, die kleinen Geschäfte, die Wäscheleinen. Ich liebe es. Ich habe von der Hauptkirche *Santa Maria* gelesen und laufe dorthin. Wie so oft, wenn man sich ein Ziel vornimmt, trifft man auf dem Weg auf noch viel schönere Orte. So laufe ich die Via della Scala in Richtung der Piazza di Santa Maria entlang und komme an der Kirche *Santa Maria della Scala* vorbei. Ich gehe hinein und laufe mit großen Augen den Seitengang entlang. Noch nie habe ich so eine schöne Kirche gesehen. Sie ist klein und mit rosafarbenem Marmor ausgestattet. Die gewölbten Decken über dem Hauptaltar sind mit mehr als einem Dutzend Kerzenleuchtern dekoriert. Und am Marienaltar liegen Zettel und Stifte, damit man seine Wünsche aufschreiben und der Gottesmutter darlegen kann. Die Kirche ist fast leer und wirkt wie ein ruhiges, verborgenes Juwel inmitten von Trastevere. Ich möchte die Ruhe gerne aufsaugen, setze mich in eine der Bänke und spüre, wie ein warmes, angenehmes Gefühl in mir aufsteigt.

Weniger ruhig ist es in der Hauptkirche *Santa Maria*, die ich im Anschluss besichtige. Sie ist auch beeindruckend, bestimmt dreimal so groß, und hat auffällig schöne Marmorböden. Verbundener fühlte ich mich aber in *Santa Maria della Scala*. Ich freue mich, diesen Ort gefunden zu haben.

Zurück auf der Piazza schaue ich auf mein Handy und sehe eine Nachricht von Aura. Sie fragt, ob wir gemeinsam Abendessen wollen. „*Sì!!!!!*" antworte ich und freue mich, sie und Marieke am Abend wiederzusehen. Vorher möchte ich aber noch den wunderschönen Ausblick über ganz Rom genießen, den mein Reiseführer am Gianicolo, einem Hügel in Trastevere, verspricht. Bis ich dort ankomme, heißt es noch einige Stufen zu nehmen. Die Hitze macht das recht anstrengend, aber es lohnt sich. Der Blick ist schön, im Vergleich zum gestrigen ersten Blick auf Rom löst er aber deutlich weniger Emotionen in mir aus.

Die Holländerinnen und ihre Familien treffe ich in einer Trattoria in der Nähe des Campo de'Fiori. Sie sitzen schon draußen und warten auf mich. Aura bemerkt direkt mein neues blaues Kleid und den Strohhut, den ich mir in der Mittagshitze heute gekauft habe. Natürlich starten wir mit einem Prosecco und lassen uns dann das italienische Essen schmecken. Die Stimmung ist ausgelassen. Auch wenn ich die Familien der Holländerinnen gestern nur kurz kennengelernt habe, fühlt es sich an wie ein Abend mit guten Freunden. Dann heißt es zum letzten Mal Abschied nehmen. Für die Holländerinnen endet die Reise am übernächsten Tag und sie fliegen zurück nach Hause. Wir nehmen uns in die Arme und versprechen uns fest, uns gegenseitig bald zu besuchen. Leichtfüßig laufe ich zurück zum Kloster und bin dankbar für den fröhlichen Abend.

Im Kloster findet jeden Morgen um 07:00 Uhr in der kleinen Kapelle eine Messe statt. Heute habe ich mir vorgenommen, hinzugehen und setze mich um kurz vor sieben in die dritte Reihe. Einige Nonnen sind schon da, andere huschen noch nach mir herein. Sie sehen fröhlich aus und singen inbrünstig. Guter Start in den Tag.

Nach dem Frühstück möchte ich Rom erkunden. Da ich mich von den Touristenmassen fernhalten und Rom auf meine Art entdecken möchte, habe ich mir einen Audio-Guide heruntergeladen: *izi.travel*. So kann ich mich treiben lassen, wohin ich möchte, und mir von einer Stimme im Ohr die Sehenswürdigkeiten der Stadt erklären lassen. Mein erstes Ziel ist die Engelsburg. An der runden Burg, die ursprünglich ein Mausoleum war und später als Schutzburg für die Päpste diente, gefällt mir am meisten die Geschichte des Erzengels Michael. Seine Statue thront auf dem obersten Stockwerk. Die Statue soll an die Legende erinnern, wonach die Pest im 6. Jahrhundert endete, als ein Engel über der Burg erschien und ein Wunder vollbrachte. Über die Engelsbrücke überquere ich den Tiber und laufe Richtung Zentrum. Nach einigen hundert Metern stehe ich auf der Piazza Navona, sehe mir die Sankt-Agnes-Kirche und den Vierströme-Brunnen von Bernini an. Dann laufe ich zur Piazza Venezia, wo ich das Nationaldenkmal von Vittorio Emanuele II bestaune. Von hier aus habe ich keinen Plan mehr. Ich lasse mich treiben. Ich laufe am Forum Romanum vorbei und dann, ohne es zu ahnen, erblicke ich in ca. 500 Metern Entfernung das

Kolosseum. Sofort schießen mir Tränen in die Augen. Das Kolosseum verbinde ich noch viel mehr mit Rom als den Petersdom. Es fühlt sich so an, als käme ich gerade erst richtig in Rom an. Ich bin überwältigt. Dieses Amphitheater ist fast 2.000 Jahre alt. Was hat es schon alles erlebt? Ich laufe hin, mache ungefähr 100 Selfies und überlege, ob ich mich in die Schlange stellen möchte, um hineinzugehen. Nein, möchte ich nicht. Zu viele Touristen.

Ich lasse mich lieber weiter durch die Stadt treiben, schlendere durch kleine Gassen, bis ich am Trevi-Brunnen stehe. Wie gefühlt tausend andere Touristen auch. Der Brunnen ist imposant, nur die vielen Menschen stehen ihm nicht. Aber wem soll ich verdenken, dass er sich diese Attraktion ansehen möchte? Ich bin ja auch da.

Julie: *Wie geht's der Römerin?*
Ich: *Puh, von Pilgerin zur Römerin ist ein krasser Mind-Change. Die Stadt ist ein Traum!!! Leider sehen das 1.000.000 Menschen auch so. Nach den vielen kleinen Orten auf der Wanderung ist es nicht so einfach, hier anzukommen.*

Ich schicke Julie Bilder aus Rom; auch eines, auf dem ich zu sehen bin.

Julie: *Woher hast du dein cooles Outfit gezaubert? Doch nicht etwa aus deinem Rucksack, oder?*
Ich: *Nein, hab hier erst mal ZARA gestürmt.*

Da mir die Touristenschlacht um das beste Bild am Trevi-Brunnen keinen Spaß macht, ziehe ich weiter in Richtung Via del Corso, einer der Haupteinkaufsmeilen von Rom. Die kenne ich schon - hier war ich am ersten Tag shoppen. Trotz meines neuen Outfits fehlt noch etwas. Mein roter Lippenstift. Der fehlte mir schon, als ich vor zwei Tagen in Rom ankam, aber da dachte ich mir: *Das muss ja jetzt nicht auch noch sein, ich habe ja einen in Köln.* Jetzt denke ich: *Doch, Christiane, muss es.* Parallel zu dem Gedanken steigen Schuldgefühle in mir auf. Meine Deluxe-Pilgerreise war nicht gerade günstig. Die Übernachtungen in den Hotels, das viele Essengehen, der Shopping-Flash. Jetzt noch ein neuer Lippenstift? Mein innerer Kritiker schreit mich buchstäblich an und fragt, warum ich nicht souverän genug bin, mich der Stadt so zu zeigen, wie ich bin? Aber wie bin ich denn? Die Lebensfreude ist nun einmal ein Teil von mir, und dazu gehört auch roter Lippenstift! Obwohl ich weiß, was ich brauche, verbiete ich es mir, weil ich glaube, ich hätte es nicht verdient. Ist doch bescheuert!! Ich bin so wütend auf meine innere Stimme!! Und sie auf mich. Ich brauche eine Vermittlerin und schreibe Katja.

Ich: *Ciao Amore!! Mein Tag repräsentiert meine Reise: Ups and Downs. Da ich mich gerade vom Styling her nicht angemessen für Rom fühle, musste ich erst einmal einkaufen. Das wäre ja ok, würde ich nicht die ganze Zeit innerlich mit mir schimpfen, dass ich so viel Geld ausgebe.*

Katja: *Mausi, bitte, bitte keine Selbstvorwürfe!!! Du hast über zwei Wochen in Selbstaskese gelebt und jede halbwegs normale Frau hätte jetzt das Bedürfnis, sich mal wieder in Schale zu schmeißen!!!*
Schuldgefühle sind wirklich das Letzte, was du dir jetzt machen solltest, nachdem du so eine mutige Reise hinter dich gebracht hast.

Ich: *Danke Liebes! Das tut gut zu lesen.*

Spannend, denke ich. Von außen sieht es aus, als hätte ich zwei Wochen Selbstaskese betrieben. Für mich fühlt es sich nach Pilgerurlaub de luxe an. Zeit, mein Gebet zu erweitern:

Bitte lass mich spüren, dass ich die Liebe und Fülle des Lebens verdient habe.

Ich atme ein und aus, gehe in den Sephora, an dem ich schon zwei Mal sehnsuchtsvoll vorbeigelaufen bin, und kaufe den roten Lippenstift No. 104 von Chanel.

Am Abend suche ich mir bei TripAdvisor ein gutes Restaurant in Prati heraus. Und hier finde ich auch, was ich mir in Sutri so sehnlichst gewünscht habe: Käsekuchen.

Der Käsekuchen ist wie der Lippenstift: Ich brauche ihn nicht zum Überleben, trotzdem gehört er zu einem erfüllten Leben für mich dazu. Und diese Fülle erinnert mich an Oma Christine. Immer bekam ich so viel Käsekuchen, wie ich wollte. Jeden Sonntag aufs Neue. Heute ist Montag, aber das macht nichts.

Eigentlich ist es ganz einfach. In dem Moment, in dem ich mir die Fülle im Leben erlaube, geht mein Herz auf und ich bin glücklich.

Zusammenfassung des Tages: Kolosseum, Käsekuchen und Lippenstift. Ich bin in Rom angekommen.

Heute Nachmittag habe ich den Termin im deutschen Pilgerzentrum in der Nähe der Piazza Navona, um meine Karte für die Papstaudienz morgen abzuholen. Ich checke schon morgens den Weg dorthin und lege den Pilgerpass und die Urkunde bereit.

Nach den vielen Eindrücken von gestern ist mir heute mehr nach Natur und ich laufe zur Villa Borghese. Die Parkanlage ist schön und weitläufig, ich verlaufe mich fast, und merke, wie gut es tut, wieder umgeben von Bäumen zu sein. Ich setze mich auf eine Parkbank und denke an die unterschiedlichen Landschaften, die ich während der Wanderung gesehen habe. Und an die Bewegung. Klar hatte ich in den ersten Tagen mit der Anstrengung zu kämpfen. Mein Rücken tat vom Rucksack weh, meine Beine fühlten sich schwer an, aber alles in allem hat nicht nur meiner Seele, sondern auch meinem Körper die Wanderung und die Anstrengung gutgetan. Mein Körper mag es offensichtlich, sich zu bewegen und zu schwitzen. Als Kind und als Teenager habe ich fast jeden Tag Sport gemacht, habe getanzt und Tennis gespielt, aber seit dem Studium fällt es mir schwer, eine regelmäßige Sportpraxis beizubehalten. Das möchte ich ändern.

VORSATZ: *In Köln regelmäßig Sport treiben, am besten in der Natur.*

Hier in der Parkanlage befindet sich auch die Galerie Borghese, das wichtigste Kunstmuseum von Rom. Es beherbergt die Kunstschätze der Familie Borghese und ich habe Lust, es mir anzusehen.

Ich gehe hinein und sehe auf der rechten Seite den Ticket-Counter. Ein Ticket bitte. Die Person am Schalter guckt mich an und fragt, ob ich online ein Ticket vorbestellt hätte? *„Äh, nein, habe ich nicht. Muss man das denn?"* Die Person lacht leicht süffisant und meint: *„Ja, sicher. Die nächsten freien Slots gibt es in acht Tagen."* In acht Tagen?? Ich reise in drei Tagen aber schon ab. Genervt ziehe ich ab. Warum muss man in Rom alles vorbestellen? Das ist nicht das erste Mal, dass mir das hier passiert. Ich wollte an einer der geführten Stadttouren teilnehmen, die die App *With Locals* anbietet. Das sind individuelle Stadtführungen, die von Römern durchgeführt werden, die sich abseits der Touristenströme bewegen und mehr vom lokalen Leben erzählen. Oder eine Vespa- oder Fiat-500-Tour machen. Ich hatte gestern alles recherchiert, um dann festzustellen, dass auch hier quasi nichts mehr frei ist. Offen ist nur noch das Feedback von Gabriele, einem Roman Guide, für einen 3-stündigen Spaziergang. Dann wollte ich hier gerne zum Friseur. Im Film *Ein Herz und eine Krone,* in dem sich Audrey Hepburn nicht nur in Rom, sondern auch in Gregory Peck verliebt, geht sie hier zum Friseur und das hat mich inspiriert. Also habe ich mir einen Friseur herausgesucht, der mir gefällt und auch englisch spricht. Nur leider hat er bis Freitag keine Termine mehr frei. Ohne Vorbestellung scheint hier nichts zu gehen. Zum Glück habe ich das Ticket für die Papstaudienz reserviert.

Und das hole ich jetzt ab. Ich laufe in die *Via del Banco di Santo Spirito* und betrete mit leichtem Herzklopfen das Pilgerbüro. Direkt am Eingang sitzt ein deutschsprachiger Mitarbeiter. Er schaut hoch und ich nenne ihm meinen Namen, sage, dass ich eine Pilgerin bin und mein Ticket für die Papstaudienz abholen wolle. Ohne zu zucken greift er nach einem großen Stapel Tickets, die bei ihm auf dem Tresen liegen, und gibt mir eins. Wie? Das war's? Will er denn gar nicht meinen Pilgerpass oder die Urkunde sehen? Nein. Er ergänzt nur noch, dass ich um 07:30 Uhr da sein sollte, wenn ich einen Sitzplatz haben möchte. Um 07:30 Uhr? Die Audienz beginnt doch erst um 10:00!! Ich bin irritiert und frage ihn, wie viele Personen denn wohl morgen bei der Audienz dabei sein werden? *„Ungefähr 60.000."* Bitte????? Soviel zur privaten Papstaudienz.

Ganz privat fühlt sich dagegen die Abendmesse in der *Santa Maria della Scala* in Trastevere an, die ich danach besuche. Schon auf dem Weg dorthin fühle ich mich erfüllt. Die Route vom Pilgerbüro nach Trastevere führt mich durch viele kleine Gassen, in denen kaum ein Tourist zu sehen ist. Diese alten Häuser mit ihren Fensterläden in den wunderschönsten Farben, die Lebensfreude, die diese Stadt ausstrahlt, und die Liebe. Mein Herz geht beim Laufen immer mehr auf.

Auf drei Priester in der Abendmesse kommen mit mir sechs Besucher. Ich verstehe zwar kaum etwas, kann die Lieder aufgrund der Blätter mit den Liedtexten, die ausliegen, aber ein wenig mitsingen. Diese Kirche ist ein besonderer Ort. Ich freue mich, hier zu sein. Und das ganz ohne Vorbestellung.

Zum Abendessen bleibe ich in Trastevere. Ich habe ein Restaurant etwas abseits vom Trubel gefunden und sitze draußen beim Prosecco. Die Kellner machen es mir leicht, mich wohl zu fühlen. Sie sind aufmerksam und lassen mich geduldig auf Italienisch mein Essen bestellen. Es ist diese Mischung aus Freundlichkeit und Charme, die mir so gut gefällt. Ich mag es, wenn man mich mit *Ciao bella* begrüßt, wenn man nette Dinge sagt, mich anlächelt und Witze macht. Die Kellner kommen während des Essens immer wieder zu meinem Tisch und unterhalten sich mit mir. Und das Essen ist auch gut. Hachhhh. Ein wunderbarer Abend. Glücklich laufe ich zurück zum Kloster.

Ich konnte kaum schlafen. Wahrscheinlich, weil ich aufgeregt war, den Papst heute zu sehen. Um 07:00 verlasse ich das Kloster und laufe zum Vatikan. Vorher halte ich in einer Bar, um mir einen Tee und etwas zum Frühstücken zu kaufen. Und eines dieser köstlichen, halbseitig mit Schokolade überzogenen Plätzchen. Dabei beobachte ich, wie ein junger Mann, nachdem er seinen Kaffee ausgetrunken hat, hinter die Theke geht und sich bei dem älteren Barista mit drei Küsschen verabschiedet. Ich mag diese Herzlichkeit, diese Nähe, die die Menschen hier haben. Der junge Mann verlässt die Bar, schwingt sich in seinem Anzug auf eine Vespa und fährt los. Während er an mir vorbeifährt, lächeln wir uns zu.

Und dann heißt es anstehen und warten, bis der Petersplatz geöffnet wird. Zuerst habe ich Sorge, ich könnte die Menschenmassen, die hier schon mit mir warten, als unangenehm empfinden, aber tatsächlich läuft alles sehr geordnet und angenehm ab. Es dauert nicht lange, bis die Pforten geöffnet werden und die Einlasskontrollen beginnen. Zügig füllt sich der Petersplatz mit Menschen. Als ich beim ersten Block ankomme, sind dort noch ausreichend Plätze frei. Die vorderen Ränge sind zwar schon belegt, die Plätze an den Seiten auch, aber in der Mitte ist noch genügend Platz. Mein Blick fällt auf einen freien Platz am Rand. Ich habe den Impuls, mich dorthin zu setzen, dann aber doch Sorge, ich könnte von dort nicht gut genug den Papst sehen. Ich wähle daher einen Platz in einer mittleren Reihe direkt am Mittelgang. Es ist 08:00, also noch zwei Stunden Zeit, bis es losgeht.

Ich schicke Silvia und Saskia ein Selfie von mir.

Ich: *Christi waiting for il papa.*
            Dauert noch zwei Stunden. Leider gibt es keine Vorband ;-)

Der Platz füllt sich schnell und trotz der vielen Menschen ist die Geräuschkulisse überschaubar. Ich nutze die Zeit, um weiter zu recherchieren. Ich möchte gerne noch in die vatikanischen Museen und suche nach Touren, die frühmorgens oder spätabends stattfinden, wenn der Hauptansturm noch nicht da oder schon vorbei ist. Und tataa, da ist sie, eine Early-Morning-Tour, die noch nicht ausgebucht ist.

Ich: *Mausi, ich bin ganz aufgeregt. Während ich hier so auf den Papst warte, hab' ich für morgen früh eine exklusive Tour in die Sixtinische Kapelle gebucht!!! Damit kann ich in die Kapelle, bevor die Touristen kommen. Kostet zwar 85 €, aber da ich hier sonst keinen Eintritt bezahlt habe, ist es mir das wert.*

Julia: *Du bist sooo lustig.*
            Finde super, dass du das gebucht hast!!
            Du hast dich so angestrengt und bist so tapfer gewesen, dass du das mehr als verdient hast!!

Ich: *Ach Schnecke, da kommen mir schon wieder die Tränen, wenn ich das lese.*
            Ich wünsche mir, dass ich auch bald das Gefühl vollständig spüre, dass ich so schöne Dinge verdient habe.

Julia: *ICH HAB DICH VON HERZEN LIEB UND BIN RIESIG STOLZ AUF DICH!!! ...*

Ich: *And again!!! Christi crying ...*

Julia: *Oh Mann, jetzt muss ich auch um Fassung ringen.*

Eine Blaskapelle betritt die Bühne und fängt an zu spielen. Oh, ich habe den Vatikan unterschätzt. So vergehen die zwei Stunden wie im Flug. Und dann ist es soweit: Die lauten Rufe der Menschen künden an, dass der Papst da ist. Ich schaue hoch, und da sehe ich ihn auf seinem Papamobil. Papa Francesco. Und was macht er? Er lässt damit Runden um die abgegrenzten Sitzbereiche drehen und begrüßt die Menschen. Und wer hat da gerade die besten Plätze?? Die Personen am Rand. Wäre ich meinem ersten Impuls doch gefolgt. Na gut. Trotzdem ist das Erlebnis schön. Denn ich spüre die starke Ausstrahlung, die vom Papst ausgeht, bis in den Mittelgang hinein. Nach drei Runden auf dem Petersplatz betritt er zusammen mit drei Kardinälen die Bühne und die Audienz beginnt. Was folgt, sind Ansprachen und Segnungen, gerichtet an die Pilger und Besucher, übersetzt in zahlreiche Sprachen. Die deutsche Übersetzung, vorgetragen durch einen der Kardinäle, lautet so:

Der Heilige Vater hat sich mit folgenden Worten an die Pilger gewandt: Von Herzen begrüße ich alle Pilger und Besucher deutscher Sprache. Die Kirche weiht diesen schönen Monat Mai besonders dem Marienlob. Richten wir unsere Bitte an die Mutter Gottes, die auch unsere Mutter ist, auf dass sie uns die Wege des Heils lehre. Der Herr segne euch und eure Familien.

Die auch unsere Mutter ist, hat er gesagt. Ich sitze auf meinem Stuhl und kurz fühlt es sich an, als würde mich jemand im Arm wiegen. Ist es Zufall, dass ich gerade im Monat Mai hier bin? Und dass meine (Groß-)Mutter-Wunde hier aufgebrochen ist? Ist es die Energie der heiligen Mutter, die mich heilen lässt? Seitdem ich in Rom bin, fühle ich mich von bedingungsloser mütterlicher Liebe umgeben. Ich wohne im *Casa Maria,* die wunderschöne Kirche in

111

Trastevere heißt *Santa Maria della Scala*. Maria ist mein Zweitname, nach der Mutter meines Vaters. Und dann ist es, als würde mir mein Bewusstsein ein Pflaster reichen. Meine Mutter hat mir von Geburt an bedingungslose Liebe geschenkt. Durch meinen Namen.

Dann erzählt ein weiterer Kardinal, dass die Kirche dieses Jahr zum außerordentlichen Kirchenjahr der Barmherzigkeit erklärt hat. Normalerweise finden solche Festjahre nur alle 25 Jahre statt. Aufgrund der aktuellen Spannungen in der Welt hat der Papst dieses Jahr als außerordentliches Festjahr ausgerufen. Es sind also auch die Heiligen Pforten der Kirchen geöffnet. Wenn man durch diese läuft, heißt es, wird man von aller Schuld befreit. Ich habe gestern wieder zwei Seiten in meinem Tagebuch zum Thema Schuld vollgeschrieben. Ein Coach fragte mich einmal, ob ich mich beim Gedanken an die Scheidung meiner Eltern schuldig fühlte. Schuldgefühle sind mir zwar seit meiner Kindheit vertraut, doch was das mit der Scheidung meiner Eltern zu tun haben sollte, leuchtete mir damals nicht ein. Erst Jahre später habe ich verstanden, dass es nicht meine Schuld war, die ich spürte, sondern die meiner Eltern. Ich hatte das Gefühl unbewusst übernommen. Um sie zu entlasten. Auch wenn ich vielleicht kognitiv verstehen mag, woher das Schuldgefühl kommt – es klebt an mir wie Kaugummi. Es lässt mich nicht los und zieht sich auch nach meiner Trennung von Peter im letzten Jahr weiter durch mein Leben. Morgen besuche ich den Petersdom und werde ihn durch die Heilige Pforte betreten.

Ich: *Hallo Papa!!! Ich habe heute den Papst gesehen!!! Gut, ich war nicht allein, 60.000 weitere Menschen waren auch da, aber ich war sehr gerührt. Der Papst hat auch explizit die Deutschen angesprochen und liebe Grüße an die Familien ausgesprochen, die nicht mitreisen konnten. Also: liebe Grüße vom Papst an dich. Dicken Kuss*

112

Papa: *Hallo mein Schatz. Schönen Dank für die Grüße vom Papst. Ich wünsche dir noch einen schönen Tag und gute Heimreise. Papa*

Heute ist Francesco-Tag. Nach Papa Francesco steht heute Nachmittag das Date mit Francesco aus Bolsena an. Vorher bleibt noch Zeit, um den Bocca della Verità, den Mund der Wahrheit, zu besuchen. Ich möchte dorthin, weil ihn Audrey Hepburn und Gregory Peck im Film *Ein Herz und eine Krone* besichtigt haben. Als ich dort ankomme, bin ich allerdings enttäuscht. Die Magie des Ortes, so wie ich sie mir vorgestellt habe, ist nicht zu spüren. Ich dachte, der Platz sei ein Insider, aber tatsächlich ist er eine weitere Touri-Attraktion, bei der viele Menschen lange Zeit anstehen, um genau 20 Sekunden Zeit zu haben, ein Foto zu machen. Zeit, um zu spüren, wie es sich anfühlt, die Hand in den Mund der Wahrheit zu stecken, bleibt nicht. Ich werde direkt in die sich anschließende Kirche weitergeleitet. Meine Aufregung darüber, gleich Francesco zu sehen, lässt mich meine Enttäuschung schnell vergessen.

Ich: *Ich sitze im Café und warte auf charming Francesco. Wie ich mittlerweile weiß, studiert er Jura und ist vermutlich 10 Jahre jünger als ich.*
Andy: *Francesco! Mamma Mia!*
Hoffe nur, dass die Nönnchen keinen Wind davon bekommen!
Ich: *Very funny! ;-)*
Andy: *Viel Spaß – du machst es richtig!*

Francesco trägt ein weißes Hemd und eine beigefarbene Leinenhose und sieht gut aus. Wir begrüßen uns mit zwei Küsschen auf die Wangen und bestellen einen *Aperitivo*. Er ist charmant und flirtet deutlich offensiver als letzte Woche mit mir. Wir sprechen über die Via Francigena, den Palazzo und über die Situation, als wir uns das erste Mal auf dem kleinen Platz in Bolsena getroffen haben. Er sagt, dass ihm die Pilger bisher immer suspekt vorgekommen seien und dass ich ihm wie eine Hosianna erschienen wäre, so jung und hübsch. Er dachte, ich sei Französin. Haha. Während er das sagt, sehe ich mich wieder völlig verschwitzt mit Brille und Pilger-Dress vor ihm stehen und muss lachen. Wir reden über meinen Job als Sales Managerin und er fragt mich, ob ich auch in Italien arbeiten könnte. Interessante Frage. Nein, aktuell nicht, dazu müsste ich den Italienisch-VHS-Kurs wohl noch zwei, drei Mal häufiger besuchen. Wir sprechen auch über unseren Glauben und es fühlt sich völlig natürlich an, über dieses persönliche Thema mit ihm zu reden. Es inspiriert mich sogar. Er hat ebenfalls vor einigen Jahren seinen Weg zum katholischen Glauben zurückgefunden, als er eines Tages eine Stimme hörte, die ihm sagte, dass das Glück in seinem Leben nicht selbstverständlich sei. Er sieht mein Tagebuch auf dem Tisch liegen und fragt, was ich so schreibe: *„Ich halte meine Reiserinnerungen fest"* sage ich, *„vielleicht möchte ich mal ein Buch darüber schreiben."* *„Ah"*, meint er, *„soll ich dir eine Widmung hineinschreiben?"* Natürlich gerne.

Che il mio abbraccio ti accompagni in ogni tuo viaggio.
Ho scordato di uscire dai tuoi occhi.

Francesco

(Möge meine Umarmung dich auf all deinen Reisen begleiten.
Ich kann deinen Augen nicht entkommen.)

Die Zeit verfliegt und dann muss Francesco los, er fährt heute noch nach Bolsena zurück. Wir stehen gemeinsam auf und so richtig wissen wir nicht, wie wir uns voneinander verabschieden sollen.

Wir geben uns wieder zwei Küsse auf die Wange und wünschen uns alles Gute.

Im Kloster schicke ich Vanessa Bilder von Francesco, *il papa*, und das Selfie, das ich mit Francesco dem 2. gemacht habe.

Van: *Der Erste ist gut katholisch. Der Zweite sieht göttlich gut aus. Ich sehe, du genießt die Ewige Stadt.*

Ich: *Ja, Rom hat mein Herz erobert. Die Stadt ist für mich eine einzige Hommage an das Leben und die Liebe.*

Das ist sie. Voller Liebe schlafe ich ein.

Do what the Romans do

Heute Morgen heißt es wieder früh aufstehen, die Morning-Tour in den vatikanischen Museen startet um 07:30 Uhr. Ich schaffe es wieder nicht, im Kloster zu frühstücken, und gehe in dieselbe Bar wie gestern. Die Führung findet in einer Gruppe von zehn Personen statt. Wir werden mit Kopfhörern ausgestattet und kommen direkt hinein in die vatikanischen Museen – ohne Anstehen. Wir betreten die langen Flure, die zur Sixtinischen Kapelle führen. Beim Betrachten der detailreichen Dekorationen, der Wandmalereien und vergoldeten Decken steigt in mir ein neues Gefühl auf, das mich völlig erfüllt. Es ist, als würde etwas im Innern beginnen zu leuchten, als würde sich das Gold der Decke in meinem Herzen spiegeln. Es fühlt sich wie ein Privileg an, fast alleine durch diese herrschaftlichen Flure zu schreiten. Kurz bevor wir die Sixtinische Kapelle betreten, höre ich, wie die Führerin uns ins Ohr sagt, dass Michelangelo die Sixtinische Kapelle bemalt hat, ohne besonders bewandert auf dem Gebiet der Freskenmalerei gewesen zu sein. Er war Architekt und Bildhauer. Als ich mir die Fresken ansehe, bin ich fassungslos. Wozu sind Menschen in der Lage, wenn sie an sich glauben?

Ohne die Sixtinische Kapelle gesehen zu haben, kann man sich keinen anschauenden Begriff machen, was ein Mensch vermag. (Goethe)

Die Führung dauert zwei Stunden und endet vor dem Petersdom. Hier überlässt uns die Reiseführerin uns selbst und verabschiedet

116

sich. Gleich ist es soweit: Ich gehe durch die Heilige Pforte. Die Reiseführerin hat uns empfohlen, die Streben innerhalb der Pforte beim Durchgehen zu berühren. Das soll die reinigende Wirkung verstärken. Fünf Minuten später stehe ich davor, meine rechte Hand umfasst eine der Streben und ich bete im Stillen *Bitte lieber Gott, nimm alle Schuld von mir. Bitte lass mich spüren, dass ich die Liebe im Leben verdient habe.* Mit klopfendem Herzen gehe ich in den Petersdom hinein. Gehe vorbei an der Pieta von Michelangelo und steuere auf eine kleine Kapelle zu, in der ich mich setzen und in Ruhe nachdenken kann. Wenn ich mich in einer Sache schuldig gemacht habe, dann sind das die Vorwürfe gegenüber meinen Eltern, dann ist das die Überzeugung, sie hätten es besser machen müssen. Konnten sie aber nicht. Sie haben es so gut gemacht, wie es ihnen eben möglich war. Und alles, was meine Vorwürfe bewirken, sind eklig-klebrige Gefühle, die mich von der Liebe meiner Eltern trennen.

Als ich bereit bin für neue Eindrücke, schaue ich mir den Rest des Petersdoms an, gehe zur St.-Peter-Statue und sehe die abgeschliffenen Füße. Ich habe gelesen, die Pilger hätten früher die Füße der Statue geküsst, dadurch wären sie so abgenutzt. Die Architektur und der Reichtum an Kunstwerken hier lassen mich den Mund nicht mehr zu bekommen. Das muss ich mit meiner Schwester teilen.

Ich: *Hase!!!! Das ist so beeindruckend hier!!!! Ich bin so glücklich, dass ich die Tour heute gebucht habe!! Sixtinische Kapelle, Vatikanische Museen und Petersdom. Das Grab vom Apostel Petrus habe ich auch gesehen. Ich fühl mich so bereichert. Das musst du sehen!*

Dann beobachte ich durch das Hauptportal, wie eine Prozession im Petersdom beginnt. Und mir fällt ein, dass ja heute Fronleichnam ist. Sofort muss ich an St. Cristina und das Wunder von Bolsena denken. Und an mein eigenes Wunder, das beim Hineingehen durch die Heilige Pforte passiert ist. Das Wunder der Erkenntnis und der Vergebung.

Nach einer kurzen Siesta im Kloster laufe ich um 14:00 Uhr zur Metrostation *Lepanto* in Prati. Gabriele, der römische Tour-Guide von *Meet Locals*, hat mir gestern geschrieben und mir bestätigt, dass ich doch noch an einem Guided Walk teilnehmen kann, zusammen mit einer Touristin aus Kanada.

Gabriele und Harleen erwarten mich schon. Sie sind in etwa mein Alter und die Chemie stimmt sofort. Wir starten in Richtung Engelsburg. Gabriele arbeitet freiberuflich als Graphikdesigner. Daneben bleibt ihm Zeit, Touristen seine Heimatstadt zu zeigen - und das auf entspannte und ungezwungene Art. Er ist ungefähr so groß wie ich, trägt eine kleine runde Brille und hat ein breites Lächeln. Harleen erinnert mich von der Hautfarbe her an Aura und ist sehr hübsch. Nachdem wir die Engelsburg umlaufen haben, überqueren wir den Tiber, biegen hinter der Ampel links in eine Gasse ein und betreten zweihundert Meter später die *Casa delle Letterature*, eine kleine Bibliothek. Harleen und ich schauen uns fragend an, während Gabriele mit der Rezeptionistin spricht, die mit dem Kopf nickt. Gabriele gibt uns ein Zeichen, ihm zu folgen und wir laufen hinter ihm her in den Innenhof. Was ist das? In dem kleinen Innenhof stehen mehr als ein halbes Dutzend große Orangenbäume, die leuchtende Früchte tragen. Ich bin mir nicht sicher, ob ich jemals Orangenbäume gesehen habe; in jedem Fall noch nie in einem Innenhof. Genau das wollte ich: eine Tour, die uns die

118

verborgenen Schätze von Rom zeigt. Dort, wo man sie nicht erwartet. Danke, Gabriele!

Wir passieren die Piazza Navona und laufen durch scheinbar unspektakuläre Gassen, die uns aufgrund ihrer Fülle an interessanten Second-Hand-Läden und Boutiquen aber im Gedächtnis bleiben werden. Der nächste Stopp ist das Pantheon, das am besten erhaltene Gebäude der römischen Antike – und Gabrieles Lieblingsbauwerk. Wir müssen nicht lange anstehen, um hineinzukommen. Wir gehen in die Mitte der Kirche und blicken hoch, auf die gewölbte Betonkuppel und die neun Meter weite Öffnung in der Mitte. Dies ist die größte Betonkuppel der Welt - und das seit 2.000 Jahren. Gabriele erzählt uns, dass es draußen in Strömen regnen kann, der Regen im Innern aber durch das Loch wie durch eine unsichtbare Hand gebremst wird und nur sanft herunterschwebt. Er meint, wir müssten unbedingt an Pfingsten hierherkommen, dann regne es Rosenblätter durch die Kuppelöffnung. Im Namen *Pantheon* stecken die griechischen Worte „pan" (alle) und „theos" (Götter). Es heißt, der Tempel sei ursprünglich zu Ehren aller antiker Götter errichtet und erst später in eine christliche Kirche umgewandelt worden.

Do what the Romans do heißt die Tour, die Gabriele mit uns macht. Und dazu gehört ein *Affogato al caffè*, ein italienisches Dessert, das aus Espresso mit Vanilleeis und sehr viel Sahne besteht. Wir gehen an die Bar des Café Sant'Eustachio, das direkt um die Ecke des Pantheons liegt, und bestellen. Mit dem Eiskaffee in der Hand setzen wir uns an den Brunnen vor dem Pantheon und machen eine Pause. Der Kaffeegeschmack ist sehr intensiv. Und mächtig ist das Dessert, ich kann es nicht komplett aufessen.

Wir schlendern weiter über den Campo De' Fiori, wo gerade die letzten Reste vom Markt zusammengeräumt werden, und blicken in Bäckereien und Konfiserien, die Gabriele uns empfiehlt. Wir überqueren den Tiber über die Ponte Sisto und sind schließlich in Trastevere. Auch hier hat Gabriele einige Restaurant- und Barempfehlungen für uns. In einer dieser Empfehlungen endet die Tour. Es ist ein kleines Restaurant, die *Essenza Wine Bar*, in der uns eine Platte köstlicher Antipasti serviert wird.

Gabriele verabschiedet sich hier, für Harleen und mich geht der Abend aber weiter. Wir wollen Gabrieles Tipps direkt ausprobieren und gehen für einen *Aperitivo* in die Bar *Freni e Frizioni* nahe der Ponte Sisto. Mit einem Aperol Spritz in der Hand setzen wir uns draußen auf eine Mauer, auf der auch andere Gäste sitzen. Harleen hat, genauso wie ich, einen anstrengenden Job; auch sie brauchte eine Auszeit. Sie hat insgesamt sechs Wochen frei, in denen sie durch Italien reist. Mailand, Florenz und Neapel hat sie schon hinter sich. Im Gespräch entdecken wir noch eine weitere Gemeinsamkeit: Beide sind wir auf der Suche nach Liebe, Sinn und Abenteuer und haben auf dem Weg dorthin Rom gefunden. Mit jedem Schluck des orangen leuchtenden Getränks fühlen wir den Rausch der Stadt intensiver und überlegen, wie sich die Ewige Stadt am besten beschreiben lässt. Wir finden, diese Formulierung trifft es gut: Rome - the city of love, love, love. Egal, wohin man schaut, man sieht und empfindet hier Liebe. Liebe für die Architektur, die Geschichte, die Lebensfreude, die verliebten Pärchen, die es scheinbar an jeder Straßenecke gibt, und natürlich Liebe für das Essen.

Nachdem wir unseren *Aperitivo* ausgetrunken haben, laufen wir durch eine kleine Gasse zurück in das Zentrum von Trastevere und bleiben vor der *Osteria da Zi Umberto* stehen. Zum Glück ist draußen noch ein schöner Platz frei und wir setzen uns. Harleen erzählt beim Essen von ihrer Mutter, die gebürtig aus Indien kommt. Während ich die *Spaghetti Vongole* genüsslich in mich hineinlöffle, höre ich ihr gebannt zu, was sie von ihren Besuchen dort erzählt. Indien steht auf meiner Wunschliste der Reiseziele nach Italien ganz oben.

Dann heißt es den Heimweg antreten. Für morgen haben Harleen und ich verabredet, ganz früh zum Trevi-Brunnen zu gehen. Das war auch ein Geheimtipp von Gabriele: Er meinte, früh morgens seien noch kaum Touristen an den Sehenswürdigkeiten. Aber heute ist es schon spät und wir gehen zur Bushaltestelle. Da um 23:00 Uhr das Kloster schließt, will ich sicherheitshalber nicht zu Fuß laufen, sondern das erste Mal, seitdem ich in Rom bin, die öffentlichen Verkehrsmittel nutzen. Als wir an der Bushaltestelle ankommen, können wir nicht direkt erkennen, wo unsere Busse abfahren. Wir fragen eine ältere Dame, doch sie spricht kaum Englisch. Ein netter Italiener, der das Gespräch mitgehört hat, kommt uns zu Hilfe. Er zeigt uns, wo unsere Busse abfahren und fragt, woher wir kommen. Er ist in etwa unser Alter, trägt einen Anzug und hat einen Vespa-Helm in der Hand. Da ist er wieder, dieser Rom-Style, den ich so mag. Wir plaudern so lange, bis sein Freund dazukommt und sie sich in das thailändische Restaurant verabschieden, das gegenüber der Bushaltestelle liegt. Dann wünschen auch Harleen und ich uns für heute eine gute Nacht und ich mache mich zur Haltestelle um die Ecke auf, weil mein Bus, wie ich nun weiß, von dort losfährt.

Ich habe die Straßenecke fast erreicht, als ich höre, wie jemand hinter mir meinen Namen ruft. Es ist Marco, der nette Italiener von eben, der mir lächelnd seine Visitenkarte hinhält und sagt, ich könne mich gerne melden, wenn ich das nächste Mal in der Stadt sei und einen Kaffee trinken wolle. *Mamma mia*! Wir verabschieden uns das zweite Mal und ich fühle mich, als könnte ich zum Kloster fliegen. Nehme dann aber doch den Bus.

Arrivederci am Trevi-Brunnen

Ich bin um Punkt 07:30 Uhr am Trevi-Brunnen. Leicht außer Atem, die knapp zweieinhalb Kilometer vom Kloster bin ich quasi gerannt. Harleen ist noch nicht da. Ich setze mich auf eine der Stufen und fühle mich, als hätte ich eine Privataudienz mit dem Trevi-Brunnen, ein Zwiegespräch mit dem Meeresgott Neptun, der inmitten des Triumphbogens thront.

Ohne jemals hier gewesen zu sein, wusste ich, dass Rom meine Lieblingsstadt sein würde. Sie hat dem Namen alle Ehre gemacht. Es fühlt sich an, als würde die Liebe hier genauso herausströmen wie das Wasser aus dem Brunnen. Ich weiß nicht, wann ich mich das letzte Mal so lebendig gefühlt habe. Und so leicht. Frei von Vorwürfen und Vorstellungen, wie das Leben zu sein hat. Dafür gefüllt mit Liebe. Bedingungsloser Liebe. Aura, Giovanni, Francesco und Harleen waren die größten Engel meiner Reise. Wie der Erzengel Michael Rom von der Pest befreit hat, haben sie die Angst und das Gefühl des Alleinseins von mir genommen. Noch nie habe ich mich so verbunden mit dem Leben gefühlt.

Habe ich einen Lieblingsort in Rom? So wie es das Pantheon für Gabriele ist? *Viele Götter.* Die Wortbedeutung hallt seit gestern in mir nach. Nach den letzten drei Wochen glaube ich so stark wie noch nie an eine göttliche Kraft. Diese Kraft hat sich wie ein Zauber über die gesamte Reise gelegt und sich in unterschiedlichen Formen, Eindrücken und Menschen gezeigt. Der Zauber fühlt sich wie eine Wasserquelle an, die niemals erlischt - man muss nur danach fragen.

Auf dem Weg zum Trevi-Brunnen bin ich in einer kleinen Gasse an einer Buchhandlung vorbeigekommen. Im Schaufenster waren Kinderbücher ausgestellt. Mein Blick blieb an einem Buch hängen, auf dem ein Küken mit Wanderrucksack abgebildet war. Titel: Io vado. Ich laufe. Vielleicht erlebt das Küken ja das gleiche wie ich. Vielleicht ist es aufgebrochen, ohne eine klare Vorstellung zu haben, was es erwartet - einfach, um etwas Neues zu erleben. Vielleicht wird ihm dann beim Laufen das Herz zuerst ganz schwer, bis es spürt, dass es Steine im Gepäck hat, die es nicht tragen muss, dass es alten Ballast loslassen darf. Vielleicht spürt es auch, wie sehr es trotz aller Kämpfe und Uneinigkeiten die Familie, die Mama und den Papa, liebt und sich am Ende freut, mit leichtem Herzen nach Hause zu kommen. Ich lächle in mich hinein, als mir bewusst wird, dass ich auf der Wanderung ein siebenjähriges Küken dabeihatte.

Dann reißt Harleen mich aus meinem Küken-Kopftheater. Nachdem wir Fotos gemacht haben, setzen wir uns an den Rand des Brunnens. Man sagt, das Leben führe einen wieder nach Rom, wenn man eine Münze in den Brunnen wirft. Also dann. Ich werfe die Münze über meine linke Schulter und bin sicher, dass ich wiederkommen werde. *Arrivederci Roma. Sei il mio grande amore.* Du bist meine große Liebe.

Auf deinem Weg liegen Steine,
die dich von deiner Zukunft trennen.

[…]

Die Last auf deinen Schultern ist Gepäck,
das du hier nicht brauchst.
Wenn niemand dir beim Tragen hilft,
dann pack die Steine einfach wieder aus.

Du kannst das Leben leichtnehmen,
auch wenn es das nicht ist.
Brauchst nur ein bisschen Leichtsinn.
Und du kannst sein, wer du willst.

Leichtsinn, Tim Bendzko, 2016

Ich bin nun das siebte Mal in Rom. Da es keine bezahlbaren Unterkünfte im Stadtzentrum gab, habe ich mich in dem kleinen Hotel *Villa Glori* im Stadtteil Parioli im Norden eingebucht. Acht Jahre sind seit der Wanderung vergangen. Nachdem ich vor sechs Jahren die erste Version dieses Manuskripts fertig geschrieben hatte, habe ich sie wieder und wieder überarbeitet. Was blieb, war das Gefühl, es würde noch eine Etappe fehlen. Und das tat sie auch. Der Pilgerweg führt zu den Gräbern der Apostel Petrus und Paulus. Den Petersdom hatte ich besucht, die Paulskirche aber vergessen, bis sie vor ein paar Wochen auf einmal wieder in mein Bewusstsein trat.

Es ist Samstagmorgen, 08:30 Uhr. Ich sitze im Frühstücksraum des Hotels und schaue mir auf meinem Handy den Routenverlauf bis zur Paulskirche an. Die Kirche liegt außerhalb der Stadtgrenzen im Süden der Stadt, mehr als 8 Kilometer entfernt. Die gewissenhafte Stimme in meinem Kopf sagt, ich müsse zur Basilika laufen. Ist schließlich jetzt die wirklich letzte Etappe meiner Wanderung. Die weisere Stimme wirft aber ein, dass ich dann ziemlich verschwitzt zu einer Zeit ankäme, zu der viele Touristen die Basilika besuchen werden. Mit der Bahn müsste ich zweimal umsteigen und bräuchte 50 Minuten, wenn denn alle Busse und Bahnen fahren. Am leichtesten wäre es mit dem Auto. *Ins Auto steigen?!!* ruft die gewissenhafte Stimme empört in mir. *Si,* antwortet die weise, *es darf heute leicht sein. Pfff,* mokiert sich die andere. Ich ignoriere sie, öffne die FreeNow App und reserviere einen Mietwagen, der mir 200 Meter entfernt angezeigt wird. Mit einem komischen Gefühl im Bauch laufe ich zum Auto. *Wirklich, Christiane? Autofahren in Rom? – Ja!!!* Also gut. Ich steige in einen weißen Citroen C3 und fahre los. Es sind noch nicht viele Autos unterwegs, es ist ruhig auf den Straßen. Ich komme mit der Navigation gut zurecht und entspanne mich nach ein paar Minuten. Und grinse. Ich liebe es, Auto zu fahren. Und das vor dieser Kulisse! Ich spüre wieder das Glücksgefühl in meinem Bauch aufkommen, das ich in dieser Intensität nur aus Rom kenne. Mir sind fast alle Straßen vertraut, nur nicht aus der Perspektive der Autofahrerin. Ich fahre den Corso Vittorio Emanuele II entlang und biege ab auf die Piazza del Gesù. Als sich vor mir das Nationaldenkmal Vittorio Emanuele II und rechts daneben der Kapitolhügel aufbauen, auf dem ich die Statue von Marc Aurel schon erahnen kann, gehe ich beglückt staunend vom Gas. *Awwwww!!* Sofort fangen die Autos neben und hinter mir an zu hupen. *Hach!* Noch kein Mal habe ich mich so sehr als Römerin gefühlt wie gerade.

Je weiter ich mich in Richtung Süden bewege, desto dichter besiedeln die großen Pinien, die *broccoli trees*, die Straßenränder. So schön. Vielleicht kommt es gar nicht so sehr darauf an, wie ich mich fortbewege, sondern vielmehr, dass ich es tue und meiner inneren Stimme vertraue.

Alles neu in sieben Jahren. In meinem Fall eher acht. Acht Jahre habe ich dafür gebetet, eine eigene Familie zu haben. Sie ist nicht gekommen. Lange dachte ich, diese Reise hätte nur einen Sinn und diese Geschichte, dieses Buch könnte nur zu einem guten Ende kommen, wenn sich mein Wunsch erfüllt.

Als ich nach der Wanderung vor acht Jahren in Köln ankam, erzählte mir meine Schwester noch am Flughafen, dass sie schwanger sei. Danach dauerte es nicht lange, bis meine Sehnsucht nach der einen, romantischen Liebe und der Wunsch nach eigenen Kindern wieder in den Vordergrund traten. Nach zwei gescheiterten Beziehungsversuchen ließ ich kein astrologisches Reading, keine Ahnenaufstellung und kein 1:1-Coaching aus, um vermeintliche Beziehungsblockaden zu lösen. Anstatt einer Beziehung zu einem Mann, baute ich eine stabile Beziehung zu meiner inneren Stimme auf. Und die rief manchmal leise, manchmal laut: *Fahr nach Italien. Dort geht der Weg weiter.*

Ich verbrachte drei Monate in Rom und schrieb dort die erste Fassung dieses Buches, besuchte Florenz, Venedig und Neapel. Stand weinend an der Amalfi-Küste, als mich die Weite des Meeres tief berührte, verliebte mich auf Sizilien und entliebte mich drei Monate später wieder, war zweimal innerhalb eines Monats auf Ischia, weil mich die besondere Stimmung dort, das Wasser, die Thermen so einfingen. Die Liebe und Freude und Schönheit, die mich auf den Reisen begleiteten, die kulturelle Fülle, die Natur und die Herzlichkeit haben mich frei gemacht. Frei von der Vorstellung, wie das Bild vom Glück auszusehen hat. Genauso, wie es immer weniger schmerzte, meine Oma zu vermissen, tat es auch immer weniger weh, das zu betrauern, was nicht in mein Leben gefunden hat: meine eigene Familie. Genauso, wie die Erinnerung an die Paulskirche auf einmal in mein Bewusstsein trat, spürte ich plötzlich ein Gefühl von Frieden. Frieden mit meinem Leben, so wie es ist. Das Gefühl ist nicht konstant, die Sehnsucht kommt immer mal wieder und tut weh. Dann denke ich an Maria, die heilige Mutter Gottes, und an das Bild vom Wunder ihrer Empfängnis. Und an meine Nichte, die ich liebe wie meine eigene Tochter, obwohl ich sie nicht selbst bekommen habe. Sie ist inzwischen sieben

Jahre alt und heißt Marie. Die größte innere Etappe war es, anzuerkennen, dass ich mich nicht verlaufen habe, sondern einfach einen anderen Weg gehe. Viele Wege führen nach Rom.

E ecco sono qui. Und hier bin ich.

Vor der Hauptfassade der Paulskirche befindet sich ein von vier Säulenreihen umrahmter Platz, in dessen Mitte eine Statue des Apostels Paulus steht. Die Kirche ist beeindruckend groß, offen, hell und wunderschön. Sie gefällt mir noch besser als der Petersdom; sie fühlt sich freier, luftiger an, und ich würde gerne durch das endlos lange leere Mittelschiff tanzen. Die vergoldete Kassettendecke erinnert mich an die Vatikanischen Museen. Dort habe ich vor acht Jahren das erste Mal solch ein Ausmaß an Glanz und Fülle gesehen. Unter dem gotischen Hochaltar liegt das Apostelgrab. Ich knie mich davor und bin berührt. Dankbar, hier zu sein. Dankbar für das unverhoffte Glück, das dieser Weg mit sich bringt. Das Glück fühlt sich anders an, hat eine andere Farbe, so als hätte ich Rosa erwartet und Lila bekommen. Vielleicht haben sich blaue Steine in mein Mosaik des Lebens untergemischt.

KÄSEKUCHEN- REZEPT NACH OMA CHRISTINE

Für den Boden:
250 g Mehl
125 g Butter
125 g Zucker
1 Eigelb
1 Teelöffel Backpulver
1 Päckchen Vanillinzucker
Saft von ½ Zitrone

Für die Füllung:
125 g Butter
250 g Zucker
5 Eigelb
750 g Quark
2 EL Grieß
Saft von ½ Zitrone
6 Eiweiß

Boden: Die Zutaten für den Boden vermengen und zu Streuseln verarbeiten. Die Hälfte davon in eine Springform geben und 15-20 Min. backen.

Füllung: Butter, Zucker, Eigelb und Quark schaumig rühren, die restlichen Zutaten unterheben, zum Schluss den sehr steif geschlagenen Eisschnee.

Die Füllung auf den vorgebackenen Boden geben und mit dem Rest der Streusel bedecken.

Den Kuchen weitere 60 Min. bei 190 Grad Umluft backen, bis er goldgelb ist. Wichtig: Im Backofen auskühlen lassen.

DANKE!

In diesem Buch steckt viel inneres Wachstum, das nur durch die liebevolle Unterstützung der nachfolgenden Personen möglich war. Danke! Karin Nooten-Paßers und Hans Passers. Allein, dass ihr euren gemeinsamen Nachnamen unterschiedlich schreibt, sagt viel aus. Ohne euch wäre ich nicht hier, ohne eure Liebe wäre ich niemals gewachsen. Danke an meinen Bruder Thomas Paßers, für dein großes Verantwortungsbewusstsein deinen Schwestern gegenüber. Ob Auto, Rat oder Wanderstöcke. Du gibst alles wie selbstverständlich. An meine Schwester Julia Becker, für dein Mitfiebern, deine Nachrichten im richtigen Moment und dafür, dass du Marie in unser Leben gebracht hast. Danke vor allem an Andrea Zimmermann, für deine tiefe Freundschaft und unermüdliche Unterstützung. Niemand war so nah bei der gesamten Reise dabei wie du. An Vanessa Mares, dafür, dass du mich immer wieder zum Lachen bringst, an Julia Sommer für deinen Sinn für die schönen Dinge im Leben. An Silvia Koch-Schöneborn und Saskia Kargl - unsere stundenlangen Beziehungs-Coachings haben uns für immer verbunden. An Katja Berger, für deine Weisheit - ich bin mir sicher, dass sich unsere Wege wieder finden werden.

Ich danke Aura van der Horst und Marieke Askey, Francesco Cozza Caposavi Vesmile und Harleen Bhogal. Dafür, dass ihr die Reise so wertvoll für mich gemacht habt. Alle vier habe ich zwei Jahre nach der Wanderung in Rom wiedergesehen. Giovanni Muser, für deine Herzlichkeit, die ich immer noch spüre, wenn du meine Beiträge auf Social Media kommentierst.

Ich danke meinem Mentor Nils von der Kall. Du hast durch deine klugen, 4-seitigen Anmerkungen nicht nur zur Qualität des Textes beigetragen, du hast mich auch dazu überredet, na ja eigentlich gedrängt, Andreas Lebert von dem Projekt zu erzählen. Dadurch kam ich in den Genuss einer zweistündigen Schreibschule mit Blick auf die Elbe. Dafür und für den Mut, den du mir gemacht hast, lieber Andreas, vielen Dank. Immer an meiner Seite, wenn es um Buchmarkt-Strategien ging, war Sarah Reinbacher. Danke, danke! Auch an meine Lektorin, Dr. Xenia Boe, für deine feinsinnigen und klugen Anmerkungen und an Josie Schnitt für die wunderschöne Covergestaltung.

Danke auch an die Menschen, die mir im Besonderen gezeigt haben, dass ich an mich glauben darf. Dazu gehören Selma Helic und Sabine zur Nedden. Durch Saskia Fauth durfte ich erfahren, dass ich auch in (Tanz-) Rollen schlüpfen kann, die ich mir nicht zutraue – eine gute Vorbereitung für das Schreiben dieses Buches.

Und natürlich danke ich dir, liebe Leserin, lieber Leser, für das Interesse an meiner Geschichte. Jetzt gehe deinen Weg!! *Dai!* Los geht's. *Grazie di cuore.* Danke von Herzen.

ÜBER DIE AUTORIN

Christiane Maria Paßers, geboren 1980 bei Düsseldorf, studierte BWL in Köln und arbeitete als Vertriebsleiterin für das Textilunternehmen FALKE und DIE ZEIT. Mit 42 erfüllte sie sich einen Kindheitstraum und studierte Modedesign in Mailand. Heute lebt sie in Hamburg, schreibt, berät Unternehmen – und entwickelt ihr eigenes Nachtwäsche-Label: Lilae Studio.

Foto: © Katrin Schöning